Por que os homens vão à guerra

FUNDAÇÃO EDITORA DA UNESP

Presidente do Conselho Curador
Mário Sérgio Vasconcelos

Diretor-Presidente
José Castilho Marques Neto

Editor-Executivo
Jézio Hernani Bomfim Gutierre

Superintendente Administrativo e Financeiro
William de Souza Agostinho

Assessores Editoriais
João Luís Ceccantini
Maria Candida Soares Del Masso

Conselho Editorial Acadêmico
Áureo Busetto
Carlos Magno Castelo Branco Fortaleza
Elisabete Maniglia
Henrique Nunes de Oliveira
João Francisco Galera Monico
José Leonardo do Nascimento
Lourenço Chacon Jurado Filho
Maria de Lourdes Ortiz Gandini Baldan
Paula da Cruz Landim
Rogério Rosenfeld

Editores-Assistentes
Anderson Nobara
Jorge Pereira Filho
Leandro Rodrigues

BERTRAND RUSSELL

*Por que os homens
vão à guerra*

Tradução
Renato Prelorentzou

© 2010 The Bertrand Russell Peace Foundation.
Todos os direitos reservados
Tradução autorizada da edição em língua inglesa
publicada pela Routledge, membro do Taylor & Francis Group.
© 2013 Editora Unesp

Título original: *Why Men Fight*

Direitos de publicação reservados à:
Fundação Editora da Unesp (FEU)
Praça da Sé, 108
01001-900 – São Paulo – SP
Tel.: (0x11) 3242-7171
Fax: (0x11) 3242-7172
www.editoraunesp.com.br
www.livrariaunesp.com.br
feu@editora.unesp.br

CIP-Brasil. Catalogação na publicação
Sindicato Nacional dos Editores de Livros, RJ

R925p

Russell, Bertrand, 1872-1970
    Por que os homens vão à guerra / Bertrand Russell; tradução Renato Prelorentzou. – 1.ed. – São Paulo: Editora Unesp, 2014.

    Tradução de: *Why men figth*
    ISBN 978-85-393-0540-7

    1. Russell, Bertrand, 1872-1970. 2. Ciência política - Filosofia. I. Título.

14-13370
    CDD: 100
    CDU: 1

Editora afiliada:

O fôlego, o ritmo, a verdadeira força popular fracassou na reação. Ela tinha os reis, os tesouros, os exércitos; ela arrasou os povos, mas ficou muda. Ela matou em silêncio; podia falar apenas com o canhão em seus horríveis campos de batalha... Matar quinze milhões de homens pela fome e pela espada, na hora certa, isso é fácil. Mas compor um pequeno canto, um ar amado por todos, eis o que nenhuma maquinação seria capaz de fazer... Dom raro, abençoado... Esse canto talvez venha a jorrar de um coração simples na alvorada, ou a cotovia o encontrará subindo ao sol, de sua vala de abril.[1]

Michelet

---

[1] No original: "Le souffle, le rhythme, la vraie force populaire manqua à la réaction. Elle eut les rois, les trésors, les armées; elle écrasa les peuples, mais elle resta muette. Elle tua en silence; elle ne put parler qu'avec le canon sur ses horribles champs de bataille... Tuer quinze millions d'hommes par la faim et l'épée, à la bonne heure, cela se peut. Mais faire un petit chant, un air aimé de tous, voilà ce que nulle machination ne donnera... Don réservé, béni... Ce chant peut-être à l'aube jaillira d'un coeur simple, ou l'alouette le trouvera en montant au soleil, de son sillon d'avril".

V

Sumário

Introdução   IX
Prefácio   1

1. O princípio do crescimento   3
2. O Estado   33
3. A guerra como instituição   61
4. A propriedade   89
5. A educação   115
6. O casamento e a questão populacional   137
7. A religião e as Igrejas   163
8. O que podemos fazer   185

Índice remissivo   207

Introdução

Este livro é considerado, tanto por leigos quanto por intelectuais, a mais importante contribuição de Russell à filosofia política. Escrevendo à medida que as perdas da Grande Guerra se tornavam cada vez mais apavorantes, o autor tentava substituir o que, já em 1914, considerava o ultrapassado liberalismo oitocentista de Jeremy Bentham e John Stuart Mill. Na passagem de 1915 para 1916, Russell desenvolveu uma teoria política baseada "na crença de que o impulso tem mais efeito que o propósito consciente na modelagem da vida dos homens". Ele se deteve na ambiciosa análise desenvolvida em *Principles* por quase toda a vida, alegando que o livro era a expressão "menos insatisfatória" de sua "própria religião pessoal".[1] As ideias de Russell começaram a tomar forma em uma série de palestras sobre os *Principles of Social Reconstruction* [Princípios de reconstrução social], proferidas em Londres no ano de 1916 e publicadas em livro, sob o

---

[1] Russell, B. Library of Living Philosophers. In: Schilpp, P. A. (org.). *The Philosophy of Bertrand Russell*. Evanston, Illinois, 1944. v.5, p.726.

mesmo título, em 13 de novembro de 1916. A edição inglesa passou por treze reimpressões até 1954. Em 1960, apareceu uma segunda edição, que teve mais quatro reimpressões, a última lançada em 1989. Nos Estados Unidos, o livro foi publicado pela primeira vez em janeiro de 1917, com o título *Why Men Fight* [Por que os homens fazem a guerra] e teve oito novas impressões até 1971.

Poucas coisas em suas experiências políticas anteriores à guerra haviam preparado Russell para a avidez com que seus compatriotas foram para o combate e ficaram mais engajados, à medida que o conflito se intensificava. Assim, em meados de 1915, Russel deu início a todo um reexame dos fundamentos teóricos da política, analisando as raízes do comportamento social, intelectual e emocional que, argumentava ele, tinham sua própria origem ou em impulsos destrutivos e possessivos, ou em impulsos construtivos e criativos. Para Russell, a chave para uma sociedade sadia era moldar a educação, as relações familiares e as instituições políticas de modo a promover o desenvolvimento dos impulsos criativos.

Esses argumentos levaram o autor para longe de seus valores políticos tradicionais: até o início das hostilidades, ele fora um liberal com fortes traços do radicalismo de meados da Era Vitoriana que havia assimilado em Pembroke Lodge. Algumas evidências anteriores à guerra indicam que Russell pensara em modificar o racionalismo da tradição liberal em favor de uma teoria psicológica do impulso. Ele ficara particularmente impressionado com dois textos do filósofo norte-americano William James que apareceram no ano de 1913, em uma coleção póstuma de seus ensaios e discursos. O primeiro era o famoso ensaio "The Moral Equivalent of War"

[O equivalente moral da guerra] e o segundo, um discurso intitulado "Remarks at the Peace Banquet" [Observações no banquete da paz]. Ambos sustentavam que a maioria das pessoas precisava de um inimigo e ansiava a guerra como uma liberação de energia vital. Mas, ponderava James, era imperativo que o inimigo não fosse humano, pois o progresso demandava a paz. A guerra reacendeu o interesse de Russell por James e pela questão das raízes psicológicas da agressividade. Na verdade, a influência jamesiana era evidente já em outubro de 1914, quando Russell escreveu o ensaio "Why Nations Love War" [Por que as nações amam a guerra] para o periódico de Norman Angell, *War and Peace*. Pouco depois, em *Principles of Social Reconstruction*, Russell se referiu diretamente a James: "Não se poderiam aperfeiçoar suas considerações sobre o problema; e, até onde sei, ele é o único escritor que encarou o problema de forma adequada. Mas sua solução não é conveniente; talvez nem seja possível uma solução conveniente".[2]

Antes de 1914, Russell também já tinha lido *The Psychology of Insanity* [A psicologia da insanidade], de Bernard Hart, com sua ênfase freudiana nos impulsos inconscientes. Apesar dessa leitura, Russell parece não ter lido nenhum dos trabalhos de Freud antes do fim da guerra.

De início, o autor desenvolveu suas ideias sobre reconstrução em uma série de oito conferências apresentadas no Caxton Hall, em Londres, entre 18 de janeiro e 7 de março de 1916. A ideia para tal ciclo de palestras surgiu durante o turbulento ano de amizade com D. H. Lawrence. Ambos estavam horrorizados com a carnificina da guerra e sua irracionalidade

---

2 Russell, B. *Principles of Social Reconstruction*. Londres, 1916. p.67.

implacável. Ambos chegaram, por meios independentes, à conclusão de que as injustiças e repressões da sociedade moderna haviam criado uma infelicidade tão profunda que as pessoas precisavam da guerra para aliviar suas frustrações. Lady Ottoline Morrell conhecia Lawrence e gostava de seus romances por explorarem arroubos de comportamento agressivo. Ela também sabia que seu ex-amante, Russell, estava se engalfinhando com os mesmos temas — os motivos pelos quais as pessoas procuram soluções violentas para problemas pessoais e nacionais. Quando ela se convenceu de que os dois tinham muito a oferecer ao mundo, providenciou um encontro entre eles, em fevereiro de 1915.

No começo, Russell e Lawrence ficaram completamente fascinados um pelo outro e se puseram a planejar uma grande turnê de palestras pela Grã-Bretanha, marcada para o outono de 1915, com o fito de converter as massas a uma nova compreensão da moralidade. Mas, na primavera do mesmo ano, as profundas diferenças de valores e temperamento entre os dois fizeram que Lawrence lançasse um furioso ataque pessoal contra Russell e zombasse de suas ideias, chamando-as de rasas e insidiosas. Ele reprochou Russell, afirmando que este era um racionalista sem coração e com desejo secreto pela violência. Russell, por sua vez, passou a ver Lawrence como um precursor do fascismo. Mesmo profundamente abalado pelas acusações de Lawrence, Russell logo recuperou o equilíbrio e prosseguiu sozinho com o projeto das conferências.

Ele contatou C. K. Ogden, editor antiguerra da *The Cambridge Review*, que concordou em divulgar a série de conferências e ajudar a organizá-la. Russell gostava de dar palestras e elas foram muito bem recebidas por plateias de simpatizantes, intelectuais, pacifistas e políticos da ala radical. Em uma carta a Lady Ottoline, Lytton Strachey descreveu o entusiasmo vivido por muitos deles nas conferências:

> As palestras de Bertie ajudam quem as ouve porque são maravilhosamente alentadoras e revigorantes. A pessoa se prende às suas palavras, fica ansiosa por ouvi-las semana após semana, e mal posso suportar a ideia de perder uma só das conferências — então me arrastei até aquele pavoroso Caxton Hall no dia de ontem [...] e valeu muito a pena. É esplêndido o modo como ele não poupa absolutamente nada: governos, religiões, leis, propriedade e até mesmo as boas maneiras — tudo vai por água a baixo. É um espetáculo! Suas ideias construtivas também são muito grandiosas. Você até fica com a impressão de que já tinha pensado em algo parecido, mas apenas vaga e inconclusivamente. E, então, ele junta todas as peças e constrói o pensamento e o firma sólido e reluzente em sua cabeça. Não creio que haja alguém mais formidável na face da terra (16 de fevereiro de 1916).[3]

Vale lembrar que essas conferências foram proferidas (e, alguns meses depois, publicadas) antes dos estágios mais destrutivos da guerra. Por certo, no início de 1916, todas as esperanças de que o conflito pudesse ter um rápido desfecho já estavam perdidas, pois, especialmente no *front* ocidental, os combates se esbarravam na guerra de trincheiras. Enquanto Russell dava suas palestras, os alemães embarcavam na prolongada ofensiva de Verdun, tentando matar o maior número possível de franceses, para forçar a rendição. E, em 1º de

---

3 Holroyd, M. *Lytton Strachey*. Londres, 1968. v.2, p.173.

julho de 1916, o Exército Britânico começou sua ofensiva no Somme, encetando aquela que seria a campanha mais sangrenta da história do país. Além disso, Russell desenvolveu suas ideias sobre "reconstrução" antes de os posicionamentos ideológicos se acirrarem com a eclosão da Revolução Russa, em março de 1917, e a intervenção norte-americana, em abril do mesmo ano. É, portanto, compreensível que as sugestões de Russell sobre a "reconstrução" tenham sido bastante generalizadas, como ele próprio admitiu:

> Se quisermos salvá-lo da decadência, o mundo civilizado precisa de uma mudança fundamental – uma mudança tanto na estrutura econômica quanto na filosofia da vida [...]. Assim que se tornar claro de que *tipo* de mudança precisamos, será possível elaborar suas partes com mais detalhes. Mas, antes de a guerra terminar, os detalhes não serão muito úteis, pois não sabemos que tipo de mundo a guerra vai deixar.[4]

Russell alega que muito do que escreveu para as palestras e para o livro subsequente foi espontâneo. Chegou até mesmo a declarar em sua *Autobiografia* que o livro tinha "um arcabouço e uma fórmula, mas só tive noção disso quando me faltava reescrever as primeiras e as últimas palavras".[5] No entanto, não foi totalmente sincero nessa passagem, pois seus rascunhos para as palestras e os capítulos demonstram que ele

---

4 Russell, B. *Principles of Social Reconstruction*. Londres, 1916. p.167.
5 Russell, B. *The Autobiography of Bertrand Russell, 1914-1942*. Londres, 1968. v.2, p.20. [Ed. bras.: *A autobiografia de Bertrand Russell, 1914-1942*. Rio de Janeiro: Civilização Brasileira, 1970. v.2, p.8.]

possuía coerência de pensamento ao longo de todo o período de composição.

A crença de Russell em sua obrigação moral de fazer tudo o que estivesse a seu alcance para deter a guerra foi reforçada pelo sucesso das palestras. Por todo o ano de 1914 e o início de 1915, ele ficara isolado em seus protestos contra a guerra. Até mesmo quando fez parte de uma organização, a Union of Democratic Control [União de Controle Democrático], julgou que seus membros estavam intimidados demais para confrontar diretamente o nacionalismo fanático difundido pelas elites corruptas. Foi então que a soma das conferências com a passagem da legislação de recrutamento lançou nova luz sobre suas atividades antiguerra. Menos de duas semanas depois de encerrar a última palestra, Russell já estava trabalhando na Sociedade Contra a Conscrição – e não apenas para combater o recrutamento, mas também para fazer campanha contra a guerra em todo o país.

As notícias sobre a natureza e o sucesso das conferências também engrandeceram a reputação de Russell nos Estados Unidos, onde muitos de seus textos críticos à guerra foram recebidos com interesse. De fato, logo em janeiro de 1916, o professor Woods, do Departamento de Filosofia da Universidade de Harvard, endereçara um convite a Russell para assumir um curso na universidade em 1917, no qual deveria falar sobre filosofia e política. Em março de 1916, depois ter lido uma cópia da série de conferências, Woods disse a Russell que o reitor estava muito satisfeito com o fato de que ele iria dar palestras apresentando uma nova abordagem sobre a política.

Enquanto isso, ocorreram alguns acontecimentos que asseguraram a publicação das conferências. Os anúncios bem colocados de Ogden fizeram que o programa de palestras de Russell chegasse aos olhos de Stanley Unwin, editor-chefe da recém-criada George Allen & Unwin Ltda. Sem ouvir uma única palavra de nenhuma palestra, ele escreveu a Russell em 29 de novembro de 1915, pedindo permissão para publicá-las na forma com que fossem proferidas. Unwin ficara impressionado com os artigos antiguerra de Russell na *The Atlantic Monthly*. Como Russell era um dos mais vilipendiados dissidentes da guerra, Unwin demonstrou independência – e perspicácia nos negócios – ao procurar um escritor que agora era considerado um pária pela maioria dos editores britânicos, a despeito de sua reputação de ensaísta lúcido. Russell retribuiu a confiança de Unwin enviando os textos datilografados das palestras e fazendo da Allen & Unwin sua principal editora para o resto da vida.

O livro foi publicado em novembro de 1916 na Grã-Bretanha e em janeiro de 1917 nos Estados Unidos, onde a editora norte-americana Century Company alterou o título, sem a aprovação de Russell, para *Why Men Fight: A Method of Abolishing the International Duel* [Por que os homens fazem a guerra: um método para abolir o conflito internacional]. A obra recebeu resenhas entusiasmadas de leitores progressistas e de esquerda, análises sérias e quase sempre críticas de muitos articulistas de filosofia e leituras uniformemente hostis e desdenhosas da imprensa conservadora e pró-guerra. Uma pequena amostra de citações reforça esse veredito. O político radical Charles P. Trevelyan falou pela Union of Democratic Control quando, ainda em 1916, disse que, "no fim das contas", Russell era "revolucionário, mas sempre construtivo". Depois do livro, "o pensamento político vai recomeçar em um novo patamar" e Russell "será o regenerador da filosofia da democracia". O jornal socialista norte-americano *The Masses* afirmou, em 1917, que Russell havia escrito "o livro mais interessante, profundo e iluminador que já apareceu desde o início da guerra". No *The International Journal of Ethics*, o filósofo Delisle Burns, apesar de lamentar a "injustiça para com a razão" cometida por Russell e seu uso impreciso do termo "impulso", ainda considerava o livro "um divisor de águas na teoria social construtiva". Em algumas avaliações, especialmente na de G. Dawes Hicks para o *Hibbert Journal*, a convicção dos comentadores no idealismo filosófico acarretou críticas à "filosofia atomista" de Russell. Hicks questionou o fato do autor reduzir o homem a um "aglomerado de impulsos e paixões" e descrever o Estado como um desenvolvimento acidental, ou como um mal necessário dirigido por um grupo de velhos não muito inteligentes. Dawes Hicks e alguns outros críticos também não ficaram confortáveis por Russell defender uma federação mundial como meio de prevenir que Estados-nações contemporâneos, com suas leis e costumes ultrapassados, viessem a promover a guerra externa e a sufocar a criatividade interna e "os princípios do crescimento". Para Russell, as únicas alternativas à mão opressiva e mortal do Estado moderno eram o movimento cooperativo e o sindicalismo — movimentos que ele mais tarde combinaria em sua concepção de *Guild Socialism* [socialismo de guilda]. Esse era o único jeito de livrar a sociedade da ganância e da alienação endêmica próprias do capitalismo e, ao mesmo tempo, promover a democracia no chão de fábrica, na escola e no governo.

Como o meio filosófico da Grã-Bretanha era majoritariamente idealista, houve vários ataques similares aos de Dawes

Hicks, em tom e conteúdo. Russell, confiante em sua posição política e já sem paciência para o que considerava limitação mental, dispensou as críticas prontamente. Muitos críticos do atomismo de Russell, no entanto, iriam concordar com suas opiniões acerca do sistema de ensino, tido por Russell como rígido, penoso e nada criativo. De fato, com sua ênfase na proposta de inculcar um espírito de reverência pelo aprendizado, Russell prefigurou em *Principles of Social Reconstruction* muitas das ideias que viria a desenvolver sobre educação no período entreguerras. De modo similar, no Capítulo 6, "O casamento e a questão populacional", Russell antecipou vários dos argumentos em favor da expansão dos direitos das mulheres e da legislação do divórcio livre. Essas ideias se ligavam à sua preocupação eugenista de que "dentro das classes que estão encolhendo, são os melhores elementos que encolhem mais rápido". Ele iria aprofundar esses temas em *Marriage and Morals* [O casamento e a moral], de 1927. Com efeito, foi por *Principles of Social Reconstruction* e seu ataque às instituições estabelecidas que o filósofo J. H. Muirhead o comparou a William Godwin.

Logo depois da publicação do livro e por muitos anos mais, a fama de Russell enquanto crítico social e defensor de reformas esteve ligada, na apreciação de seus admiradores, a *Principles of Social Reconstruction*. Soldados desiludidos e pacifistas, como o famoso romancista e místico francês Romain Rolland, olharam para Russell em busca de liderança, não apenas por conta de suas ações políticas antiguerra, mas principalmente por causa das ideias expressas em seus livros. O poeta de guerra Arthur Graeme West exprimiu sua admiração de forma bastante eloquente. Poucos meses antes de ser morto no *front* ocidental, em junho de 1917, ele escreveu para Russell, das trincheiras perto de Somme, depois de ter lido *Principles of Social Reconstruction*:

> É só por causa de reflexões como as suas, por causa da existência de homens e mulheres como o senhor, que parece valer a pena sobreviver à guerra [...] o que temíamos antes da saída do seu livro era que não encontrássemos mais ninguém na Inglaterra que construísse conosco. Lembre-se, então, de que estamos dispostos a fazer depois da guerra duas vezes mais do que fizemos durante o conflito, e que após ler seu livro essa decisão se tornou mais forte do que nunca; é por sua causa que desejamos continuar a viver.[6]

Richard A. Rempel
McMaster University

---

6 Ibid., p.76.

Prefácio

As conferências que se seguem foram escritas em 1915 e proferidas no início de 1916. Tive a esperança de reescrever grande parte delas e de algum modo torná-las menos inadequadas a seu tema; mas outros trabalhos que pareciam mais prementes se impuseram, e a perspectiva de uma revisão desapressada continua remota.

Meu intuito é propor uma filosofia da política baseada na crença de que o impulso tem mais efeito do que o propósito consciente na modelagem da vida dos homens. Os impulsos, em sua maioria, podem ser divididos em dois grupos, os possessivos e os criativos, conforme tenham o objetivo de adquirir ou de manter algo que não pode ser compartilhado, ou de trazer para o mundo alguma coisa de valor, como conhecimento, arte ou boa vontade, nos quais não há propriedade privada. Considero melhor a vida que se constrói principalmente sobre impulsos criativos e pior a inspirada sobretudo no amor pela posse. As instituições políticas têm uma influência muito grande sobre as disposições dos homens e das mulheres e deveriam promover a criatividade em detrimento da possessividade. O Estado, a guerra e a propriedade são as principais corporificações políticas dos impulsos possessivos; a educação, o casamento e a religião devem corporificar os impulsos criativos, embora o façam de forma extremamente inadequada nos dias de hoje. A libertação da criatividade deve ser o princípio da reforma, tanto na política quanto na economia. É essa convicção que me levou a escrever estas conferências.

1.
O princípio do crescimento

A todos aqueles que são capazes de novas percepções e renovado pensamento a guerra tem trazido alguma modificação nas antigas crenças e esperanças. O conteúdo dessa modificação dependeu, em cada caso, do caráter e da circunstância; mas, de uma forma ou de outra, ela foi quase universal. Para mim, o que de mais importante a guerra ensinou foi certa visão sobre os motivos da ação humana, o que são e o que podemos, legitimamente, ter esperança de que venham a ser. Essa visão, se for mesmo verdadeira, parece fornecer as bases para uma filosofia política mais capaz de manter-se firme em tempos de crise do que já se mostrou a filosofia do liberalismo tradicional. Ainda que apenas uma das conferências que se seguem fale sobre a guerra, todas se inspiraram na visão dos motivos da ação que foi sugerida pela guerra. E todas elas se fundaram na esperança de ver estabelecidas na Europa instituições políticas que tornem os homens avessos à guerra – esperança que, com firmeza, acredito realizável, embora impossível sem uma reconstrução imensa e fundamental da vida social e econômica.

Para quem está do lado de fora do ciclo de crenças e paixões que fazem a guerra parecer necessária, torna-se inevitável um isolamento, uma separação quase insuportável das atividades em geral. No mesmo instante em que a catástrofe universal eleva a compaixão a seu mais alto nível, a própria compaixão força um distanciamento ante o impulso de autodestruição que se alastrou pela Europa. O anseio desamparado de salvar os homens da ruína a que se precipitam faz que seja necessário lutar contra a corrente, sujeitar-se à hostilidade, ser tomado por insensível, perder por um momento a capacidade de ganhar confiança. É impossível impedir que as outras pessoas tenham sentimentos hostis, mas é possível evitar qualquer hostilidade recíproca de sua própria parte por meio de um acordo imaginário e da compreensão que dele emana. E sem acordo e compreensão é impossível encontrar a cura para o mal que assola o mundo.

Há duas maneiras de ver a guerra, e nenhuma delas me parece adequada. A visão mais comum neste país é a de que a guerra se deve à perversidade dos alemães; a visão da maioria dos pacifistas é a de que se deve a emaranhados diplomáticos e às ambições dos governos. Penso que ambas as visões fracassam em perceber que a guerra nasce, em grande medida, da própria natureza humana. Os alemães e também os homens que compõem os governos são, como um todo, seres humanos comuns, incitados pelas mesmas paixões que incitam tantos outros, não muito diferentes do resto do mundo, a não ser por suas circunstâncias. Consentem a guerra homens que não são nem alemães nem diplomatas – e com uma prontidão e aquiescência a razões falsas e impróprias que não seriam possíveis se qualquer repugnância mais profunda estivesse difundida por outras classes e nações. As coisas falsas nas quais os homens acreditam e as coisas verdadeiras nas quais desacreditam são índice de seus impulsos — não necessariamente de impulsos individuais (pois as crenças são contagiosas), mas de impulsos gerais da comunidade. Todos nós acreditamos em muitas coisas nas quais não temos bons motivos para acreditar, porque, subconscientemente, nossa natureza suplica por certos tipos de ação que essas crenças, se fossem verdadeiras, tornariam razoáveis. As crenças infundadas são o tributo que o impulso presta à razão. E esse é o caso das crenças que, opostas porém similares, fazem que homens, aqui e na Alemanha, acreditem em seu dever de levar a guerra adiante.

O primeiro pensamento que naturalmente ocorre a quem aceita essa visão é o de que seria melhor se os homens se encontrassem em maior medida sob o domínio da razão. Para quem vê que a guerra só pode causar danos indizíveis a todos os combatentes, ela parece simplesmente loucura, uma insanidade coletiva durante a qual se esquece tudo o que se sabia em tempos de paz. Se os impulsos fossem mais bem controlados, se o pensamento fosse menos dominado pela paixão, os homens protegeriam suas mentes ante as aproximações da febre da guerra, e as disputas seriam resolvidas de maneira amistosa. Isso é verdadeiro, mas, por si só, insuficiente. Apenas aqueles cujo desejo de pensar com verdade é, em si próprio, uma paixão podem ver que esse desejo é capaz de controlar as paixões da guerra. Só a paixão pode controlar a paixão, e só um impulso ou desejo contrário pode reprimir o impulso. A razão, como apregoam os moralistas tradicionais, é muito negativa e apática para compor uma vida boa. Não se pode prevenir as guerras só com a razão, mas sim com uma vida positiva de paixões e impulsos contrários àqueles que levam à guerra. É a vida do impulso que precisa se transformar, não apenas a vida do pensamento consciente.

Toda atividade humana jorra de duas fontes: impulso e desejo. O papel representado pelo desejo sempre foi bastante reconhecido. Quando os homens não se encontram totalmente satisfeitos e nem capazes de conseguir de imediato aquilo que vai lhes satisfazer, a imaginação lhes traz à mente a ideia de coisas que os fariam, acreditam eles, felizes. Todo desejo pressupõe um intervalo de tempo entre a consciência da necessidade e a oportunidade de satisfazê-la. Os atos inspirados pelo desejo podem ser até dolorosos, o tempo para se alcançar a satisfação pode ser muito longo, o objeto desejado pode ser algo que está fora de nossas próprias vidas e até mesmo depois de nossa própria morte. A vontade, força direcionadora, consiste, sobretudo, em perseguir desejos por objetos mais ou menos distantes, a despeito de toda a dor dos atos implicados e das solicitações de desejos e impulsos incompatíveis, mas ainda mais imediatos. Tudo isso é bem conhecido e, até aqui, a filosofia política tem se baseado quase inteiramente no desejo como fonte das ações humanas.

Mas o desejo governa apenas uma parte da atividade humana – e não se trata nem sequer da parte mais importante, mas tão somente da mais consciente, explícita e civilizada.

Na parte mais instintiva de nossa natureza, somos dominados por impulsos a certos tipos de atividade, e não por desejos de certos fins. Se as crianças correm e gritam, não é pelo bem que com isso esperam realizar, mas por causa de um impulso direto de correr e gritar. Se os cães uivam para a lua, não é por considerar que com isso obterão alguma vantagem, mas porque sentem um impulso de uivar. Não é um propósito, mas apenas um impulso o que induz ações tais como beber, comer, fazer amor, brigar e ostentar. Quem acredita que o homem é um animal racional dirá que as pessoas ostentam para que os outros possam ter boa opinião a seu respeito; mas muitos de nós podemos nos recordar de ocasiões nas quais ostentamos mesmo sabendo que seríamos desprezados por isso. Os atos instintivos normalmente chegam a resultados agradáveis ao homem comum, mas não são executados a partir do desejo por esses resultados. São executados, sim, a partir do impulso direto, e o impulso quase sempre é intenso, mesmo nos casos em que não se chega ao resultado desejado. Os adultos gostam de pensar que são mais racionais que as crianças ou os cães e, inconscientemente, ocultam de si próprios o tamanho do papel desempenhado pelo impulso em suas vidas. Esse ocultamento inconsciente sempre segue certo plano geral. Quando um impulso não é satisfeito no momento em que surge, cresce um desejo pelas consequências esperadas com sua satisfação. Se as consequências que foram esperadas com alguma sensatez acabam por se revelar nitidamente desagradáveis, nasce um conflito entre previsão e impulso. Se o impulso é fraco, a previsão pode dominar: é o que se chama de agir conforme a razão. Se o impulso é forte, ou a previsão será falseada e as consequências desagradáveis, esquecidas, ou as consequências serão, nos homens de compleição heroica, impetuosamente aceitas. Quando Macbeth percebe que está fadado à derrota, não se apequena diante da luta. Ele exclama:

> Venha, Macduff,
> E maldito seja o primeiro a gritar "Chega! Basta!"

Mas tal força e ímpeto de impulso são raros. A maioria dos homens, quando o impulso é forte, consegue se convencer — em geral por uma seletividade subconsciente da atenção — de que a satisfação do impulso trará consequências agradáveis. Filosofias inteiras, sistemas de avaliação ética inteiros se lançam por esse caminho: são a corporificação de um tipo de pensamento que é subserviente ao impulso e que procura fornecer uma base, racional apenas na aparência, para sua satisfação. O único pensamento genuíno é o que brota do impulso intelectual da curiosidade, levando ao desejo de saber e de compreender. Mas boa parte do que é tido como pensamento se inspira em algum impulso não intelectual e é tão somente um meio de nos convencermos de que não vamos nos desapontar e nem fazer qualquer mal se satisfizermos o impulso.[1]

Quando um impulso é reprimido, sentimos desconforto ou até mesmo dor violenta. Podemos satisfazer o impulso para escaparmos dessa dor e então, nesse caso, nossa ação tem um propósito. Mas a dor só existe por causa do impulso, e o impulso se direciona para um ato, e não para escapar da dor resultante de sua repressão. O impulso em si continua destituído de propósito, e o propósito de escapar da dor surge apenas quando o impulso é momentaneamente reprimido.

Muito mais do que o desejo, o impulso está na base de nossa atividade. O desejo tem seu lugar, mas não é um lugar tão grande quanto parece. Os impulsos trazem consigo toda uma série de desejos subservientes e fictícios: fazem que os

---

[1] Sobre esse tema, conferir o quinto capítulo de *Psychology of Insanity*, de Bernard Hart (1914), especialmente as páginas 62 a 65.

homens tenham a sensação de que desejam os resultados da satisfação dos impulsos e de que agem para chegar a esses resultados, quando, na verdade, sua ação não tem outro motivo além de si mesma. Um homem pode escrever um livro ou pintar um quadro na crença de que deseja os elogios que daí virão. Mas, assim que termina, caso seu impulso criativo não esteja esgotado, ele vê que a obra que acabou de concluir se torna desinteressante a seus olhos e, então, começa um novo trabalho. O que se aplica à criação artística vale também para tudo o que é mais vital em nossas vidas: o que nos move é o impulso direto, e os desejos que julgamos ter não são mais que uma mera roupagem para o impulso.

O desejo, oposto ao impulso, tem, é verdade, uma parcela considerável e crescente na regulação da vida dos homens. O impulso é errático e anárquico, não se adapta facilmente a um sistema bem regulamentado; pode ser tolerado em crianças e artistas, mas não é tido por conveniente a homens que queiram se levar a sério. Quase todo trabalho remunerado é feito a partir do desejo, e não do impulso: o trabalho em si pode ser mais ou menos fastidioso, mas o pagamento é desejado. As atividades sérias que preenchem as horas de trabalho de um homem são, exceto para uns poucos indivíduos afortunados, dirigidas, sobretudo, pelos propósitos, e não pelos impulsos a essas atividades. Quase ninguém verá nisso um mal, pois não se reconhece o lugar do impulso em uma existência satisfatória.

Um impulso sempre parecerá loucura a quem dele não compartilha na realidade nem na imaginação. Todo impulso é essencialmente cego, no sentido de que não brota de nenhuma previsão de consequências. O homem que não compartilha do impulso formará uma estimativa diferente a respeito de quais serão as consequências e de quão desejáveis serão as que de fato venham a se realizar. Essa diferença de opinião parecerá ética ou intelectual, embora sua verdadeira base seja uma diferença de impulso. Nesses casos, não se chegará a nenhum acordo genuíno enquanto persistir a diferença de impulso. Em todos os homens de vida vigorosa há impulsos tão fortes que aos outros parecerão completamente desarrazoados. Impulsos cegos às vezes levam à destruição e à morte, mas, outras vezes, levam às melhores coisas que o mundo contém. O impulso cego é a fonte da guerra, mas também é a fonte da ciência, da arte e do amor. Não se deve desejar o enfraquecimento do impulso, mas seu direcionamento para a vida e para o crescimento, e não para a morte e para a decadência.

Na verdade, o controle total do impulso pela vontade – algumas vezes pregado por moralistas e muitas vezes imposto pela necessidade econômica – não é desejável. Uma vida governada pelos propósitos e desejos, à exclusão dos impulsos, é uma vida fatigante: exaure a vitalidade e, no fim, torna o homem indiferente aos propósitos que tentava atingir. Quando uma nação inteira vive dessa forma, a nação inteira acaba ficando frágil, sem o pulso necessário para reconhecer e transpor os obstáculos que a separam de seus desejos. O industrialismo e a organização estão sempre tentando forçar as nações civilizadas a viver cada vez mais pelo propósito, e não pelo impulso. A longo prazo, tal modo de existência, quando não seca as fontes da vida, produz novos impulsos, de tipo diferente daqueles que a vontade se habituara a controlar e que o pensamento tinha consciência. Assim, esses novos impulsos estão aptos a serem piores em seus efeitos do que aqueles que já haviam sido reprimidos. A disciplina excessiva, especialmente quando imposta de fora, resulta, com frequência, em impulsos de crueldade e destruição: essa é uma das razões pelas quais o militarismo tem efeitos negativos sobre o caráter nacional. Se os impulsos espontâneos não conseguem encontrar um canal de manifestação, o resultado é, quase sempre, a falta de vitalidade ou impulsos opressivos e contrários à vida. Os impulsos de um homem não são fixados desde o início por suas disposições inatas: dentro de certos limites bem amplos, são profundamente modificados pelas circunstâncias e pelo modo de vida. A natureza dessas modificações deveria ser estudada, e os resultados de tais estudos deveriam ser levados em conta na hora de se julgar o bem ou o mal causado pelas instituições políticas e sociais.

A guerra tem surgido, em grande parte, da vida do impulso, e não da razão nem do desejo. Há um impulso de agressão e um impulso de resistência à agressão. Qualquer um deles pode, eventualmente, estar de acordo com a razão, mas ambos operam, no mais das vezes, contrários a ela. Cada impulso produz toda uma safra de crenças decorrentes. As crenças ajustadas ao impulso de agressão podem ser encontradas em Bernhardi ou nos primeiros conquistadores maometanos ou, com plena perfeição, no Livro de Josué. Há, antes de tudo, a convicção da excelência superior do próprio grupo, a certeza de que se é, de algum modo, o povo escolhido. Isso justifica o sentimento de que, na verdade, importa apenas o bem e o mal do próprio grupo e de que se deve encarar o resto do mundo somente como material para o triunfo ou a salvação da raça superior. Na política moderna, essa atitude está corporificada no imperialismo. A Europa como um todo tem essa atitude em relação à Ásia e à África, e muitos alemães têm essa atitude em relação ao resto da Europa.

Correlato ao impulso de agressão está o impulso de resistência à agressão, que é exemplificado pela atitude dos israelitas para com os filisteus, ou da Europa medieval para com os maometanos. As crenças que esse impulso produz são crenças na singular perversidade daqueles cuja agressão se teme e no imenso valor dos costumes nacionais que seriam suprimidos caso a agressão fosse vitoriosa. Quando a guerra estourou, todos os reacionários na Inglaterra e na França começaram a falar do perigo para a democracia, embora, até aquele momento, houvessem combatido a democracia com toda a força. Eles não foram insinceros quando assim falaram: o impulso de resistência à Alemanha os fez valorizar qualquer coisa que estivesse ameaçada pelo ataque alemão. Amaram a democracia porque odiavam a Alemanha, mas acharam que odiavam a Alemanha porque amavam a democracia.

Os impulsos correlatos de agressão e resistência à agressão estão operando em todos os países envolvidos na guerra. Os que não foram dominados por nenhum desses impulsos podem ser divididos, assim, por alto, em três categorias. Primeiro, os homens cujo sentimento nacional é antagônico ao Estado a que estão submetidos. Essa categoria inclui alguns irlandeses, poloneses, finlandeses, judeus e outros membros de nações oprimidas. Do nosso ponto de vista, tais homens podem ser omitidos em nossas considerações, uma vez que possuem a mesma natureza impulsiva dos que lutam, diferindo apenas nas circunstâncias exteriores.

A segunda categoria de homens que não têm feito parte da força que sustenta a guerra é composta por aqueles cuja natureza impulsiva está mais ou menos atrofiada. Os opositores do pacifismo pensam que todos os pacifistas pertencem a essa categoria, exceto quando pagos pelos alemães. Os pacifistas são tidos por homens insensíveis, sem paixões, que conseguem assistir a tudo e raciocinar com um desprendimento frio, enquanto seus irmãos dão a vida pelo país. Talvez se possa dizer tal coisa de certa proporção de homens que se contam entre os pacifistas meramente passivos e que não fazem nada além de se abster de tomar parte ativa na guerra. Penso que os partidários da guerra teriam razão em vituperar tais homens. A despeito de toda a destruição forjada pelos impulsos que levam à guerra, tem mais esperança a nação dotada desses impulsos do que a nação na qual todo impulso está morto. O impulso é a expressão da vida e, enquanto existir, haverá também esperança de que se volte para a vida e não para a morte. Mas a falta de impulso é morte, e da morte não virá nenhuma vida nova.

Os pacifistas ativos, porém, não fazem parte dessa categoria: não são homens sem força impulsiva, mas sim homens em quem certo impulso hostil à guerra é forte o bastante para superar os impulsos que levam à guerra. Não se trata do ato de um homem sem paixões lançar-se contra todo o movimento da vida nacional, insistir em uma causa aparentemente desesperançada, submeter-se à infâmia e resistir ao contágio da emoção coletiva. O impulso de evitar a hostilidade da opinião pública é um dos mais fortes na natureza humana e só pode ser derrotado por uma força extraordinária, de um impulso direto e incalculável. A razão fria não pode, sozinha, provocar um ato como esse.

Os impulsos podem ser divididos em dois: os que se dirigem à vida e os que se dirigem à morte. Os impulsos corporificados na guerra estão entre aqueles que se dirigem à morte. Qualquer um dos impulsos que se dirigem à vida, quando forte o bastante, fará o homem se opor à guerra. Alguns desses impulsos são fortes apenas em homens altamente civilizados; já outros fazem parte da humanidade comum. Os impulsos dirigidos para a arte e para a ciência estão entre os mais civilizados dos que se dirigem à vida. Muitos artistas permaneceram completamente intocados pelas paixões da guerra, não por fraqueza de sentimento, mas porque o instinto criativo, a busca por uma percepção, torna-os críticos dos ataques de paixão nacional e invulneráveis ao mito com que se reveste o impulso de beligerância. E os poucos homens em quem o impulso científico é dominante observaram os mitos rivais dos grupos belicosos e, por meio da compreensão, chegaram à neutralidade. Mas não é a partir desses impulsos tão refinados que se poderá gerar uma força popular capaz de transformar o mundo.

No lado da vida existem três forças que não exigem à mente nenhum dote excepcional, que não são muito raras atualmente e que poderiam ser bem mais comuns sob instituições sociais melhores. São elas o amor, o instinto construtivo e a alegria de viver. Todas as três estão hoje em dia reprimidas e enfraquecidas pelas condições sob as quais vivem os homens — não apenas os aparentemente menos afortunados, mas também a maioria dos prósperos. Nossas instituições se baseiam na injustiça e na autoridade: é somente fechando o coração à compaixão e a mente à verdade que conseguimos suportar as opressões e injustiças das quais tiramos vantagem. A concepção convencional do que é o sucesso leva grande parte dos homens a viver uma vida na qual os impulsos mais vitais são sacrificados e a alegria de viver se perde em um aborrecimento apático. Nosso sistema econômico obriga quase todos os homens a realizarem os propósitos dos outros e não os de si mesmos, fazendo que se sintam impotentes na ação e capazes apenas de garantir uma quantidade módica de prazer passivo. Todas essas coisas destroem o vigor da comunidade, as afeições expansivas dos indivíduos e a capacidade de ver o mundo com generosidade. Todas essas coisas são desnecessárias e podem ser encerradas com sabedoria e coragem. Se fossem encerradas, a vida impulsiva dos homens seria completamente diferente, e a raça humana partiria em direção a uma nova felicidade e a um novo vigor. O propósito destas conferências é incitar essa esperança.

Os impulsos e desejos de homens e mulheres, na medida que têm real importância para suas vidas, não estão apartados uns dos outros. Bem ao contrário, provêm de um princípio de crescimento central, de uma urgência instintiva que os leva em certa direção, assim como as árvores procuram a luz. Contanto que esse movimento instintivo não seja frustrado, quaisquer contratempos que possam ocorrer não serão desastres fundamentais e não produzirão as distorções que resultam da interferência no crescimento natural. Esse centro íntimo de cada ser humano é o que a imaginação deve apreender se quisermos compreendê-lo intuitivamente. Ele difere de um homem para o outro e determina para cada um o tipo de excelência de que é capaz. O máximo que as instituições podem fazer por um homem é deixar que seu crescimento seja livre e vigoroso: elas não podem forçá-lo a crescer de acordo com o padrão de outro homem. Existem nos homens certos impulsos e desejos — os que levam às drogas, por exemplo — que não crescem a partir do princípio central; tais impulsos, quando se tornam fortes o bastante para serem prejudiciais, têm de ser reprimidos pela autodisciplina. Outros impulsos, mesmo que se originem no princípio central do indivíduo, podem prejudicar o crescimento dos outros e precisam ser reprimidos para o bem dos outros. Mas, em geral, os impulsos prejudiciais aos outros tendem a resultar do crescimento frustrado e a ser de menor importância naqueles que não sofreram empecilhos em seu desenvolvimento instintivo.

Os homens, assim como as árvores, requerem para seu crescimento o solo adequado e suficiente liberdade da opressão. Nisso as instituições políticas podem ajudar ou dificultar. Mas o solo e a liberdade necessários para o crescimento de um homem são incomensuravelmente mais difíceis de descobrir e obter do que o solo e a liberdade necessários para o crescimento de uma árvore. E o crescimento pleno que tanto se espera não pode ser definido nem demonstrado: é sutil e complexo, pode ser sentido apenas por uma delicada intuição e vagamente apreendido pela imaginação e pelo respeito. Depende não apenas, nem principalmente, do ambiente físico, mas das crenças e afeições, das oportunidades para a ação e da vida da comunidade como um todo. Quanto mais desenvolvido e civilizado o tipo de homem, mais elaboradas são as condições de seu crescimento e mais dependentes se tornam do estado geral da sociedade em que ele vive. As necessidades e desejos de um homem não se restringem à sua própria vida. Se sua mente é aberta e sua imaginação, vívida, os fracassos da comunidade a que pertence são seus fracassos e os êxitos dela, seus êxitos: conforme sua comunidade seja bem ou mal-sucedida, seu próprio crescimento será alimentado ou impedido.

No mundo moderno, o princípio do crescimento da maioria dos homens e mulheres se encontra dificultado por instituições herdadas de épocas mais simples. Com o progresso do pensamento e do saber e com o aumento do domínio sobre o mundo físico, surgiram novas possibilidades de crescimento, dando origem a novas demandas que precisam ser satisfeitas para que não se frustrem aqueles que as manifestam. Há menos consentimento às limitações que já não são inevitáveis e menor chance de se levar uma vida boa caso persistam essas limitações. Os menos afortunados já não reconhecem como justas as instituições que dão oportunidades muito maiores a algumas classes em detrimento de outras, embora os mais afortunados ainda as defendam com veemência. Surge daí um conflito universal, em que a tradição e a autoridade se mobilizam contra a liberdade e a justiça. Nossa professada moralidade, por ser tradicional, perde influência sobre os que estão em revolta. A cooperação entre os defensores do antigo e os heróis do novo tem se tornado quase impossível. Uma desunião essencial adentrou quase todas as relações da vida, em medida cada vez maior. Na luta pela liberdade, homens e mulheres se tornam cada vez menos capazes de romper as barreiras do ego e de alcançar o crescimento que provém de uma união real e vital.

Todas as nossas instituições têm suas bases históricas na autoridade. A autoridade inquestionável do déspota oriental encontrou sua expressão religiosa no Criador onipotente, cuja glória era o fim único do homem e diante do qual o homem não tinha nenhum direito. Essa autoridade foi herança do imperador e do papa, dos reis da Idade Média, dos nobres da hierarquia feudal e até de todo pai e marido em seu comportamento com a esposa e os filhos. A Igreja foi a encarnação direta da autoridade divina, o Estado e a lei se constituíram pela autoridade do rei, a propriedade privada da terra surgiu da autoridade dos barões conquistadores, e a família era governada pela autoridade do *pater familias*.

As instituições da Idade Média permitiam que apenas uns poucos afortunados se desenvolvessem livremente: a vasta maioria da humanidade existia para servir a esses poucos. Mas, enquanto a autoridade foi genuinamente respeitada e reconhecida até mesmo pelos súditos menos afortunados, a sociedade medieval permaneceu orgânica e não fundamentalmente hostil à vida, uma vez que, por ser voluntária, a submissão exterior era compatível com a liberdade interior. As instituições da Cristandade ocidental davam corpo a uma teoria em que de fato se acreditava, ao passo que não se acredita hoje em nenhuma teoria que possa defender nossas atuais instituições.

A teoria medieval da vida ruiu com seu fracasso em satisfazer os anseios dos homens por justiça e liberdade. Quando os governantes abusavam de seus poderes teóricos, as vítimas eram forçadas, sob a tensão da opressão, a perceber que eles próprios também tinham direitos e não precisavam viver só para avultar a glória de outros poucos. Gradualmente, ficou nítido que, se os homens têm poder, é provável que dele venham a abusar e que, na prática, autoridade quer dizer tirania. Como os detentores do poder resistem aos clamores por justiça, os homens se dividiram cada vez mais em unidades separadas, cada um lutando por seus próprios direitos, sem formar uma comunidade genuína e unida por um propósito orgânico comum. Essa ausência de um propósito comum se tornou fonte de infelicidade. Uma das razões que levaram muitos homens a saudar a eclosão desta guerra foi que o conflito fez de cada nação uma comunidade novamente íntegra, com um único propósito. E o fez destruindo, para o presente, os fundamentos de um propósito único no mundo civilizado como um todo. Mas esses fundamentos eram tão tênues que poucos se afetaram com essa destruição. Os homens mais se regozijaram com o novo sentido de unidade com seus compatriotas do que lamentaram a crescente separação de seus inimigos.

O endurecimento e a separação do indivíduo no curso da luta pela liberdade têm sido inevitáveis e é provável que jamais se desfaçam por inteiro. O necessário, caso se queira o desenvolvimento de uma sociedade orgânica, é que nossas instituições se transformem fundamentalmente, de modo a incorporar o novo respeito ao indivíduo e aos seus direitos que a sensibilidade moderna exige. O Império e a Igreja medievais arrasaram o indivíduo. Houve hereges, mas eles foram implacavelmente massacrados, sem quaisquer dos escrúpulos movidos por perseguições posteriores. E tanto eles quanto seus perseguidores estavam convencidos de que devia haver uma única Igreja universal: discordavam apenas quanto a qual deveria ser seu credo. Com uns poucos homens de artes e letras, a Renascença minou a teoria medieval, sem, contudo, substituí-la por nada além de ceticismo e confusão. A primeira fissura mais séria na teoria medieval foi causada pela asserção de Lutero sobre o direito ao juízo pessoal e a falibilidade dos Concílios Gerais. Com o tempo, inevitavelmente cresceu dessa asserção a crença de que a religião de um homem não podia ser determinada pela autoridade, mas devia ser deixada à livre escolha de cada indivíduo. Foi em matéria de religião que começou a batalha pela liberdade, e é em matéria de religião que ela mais tem se aproximado de uma vitória completa.[2]

Observa-se em quase todos os setores da vida o desenvolvimento do individualismo extremo rumo à discórdia e desta — pelo menos essa é a esperança — rumo a uma nova reintegração. As reivindicações são colocadas em nome da justiça e a elas se resiste em nome da tradição e do direito prescritivo. Cada lado acredita honestamente que merece a vitória porque em nosso pensamento existem, lado a lado, duas teorias da sociedade, e cada homem escolhe, inconscientemente, a teoria que mais se adapta a seu caso. Como a batalha é longa e árdua, toda teoria geral é gradualmente esquecida. No fim, não resta nada além de autoafirmação e, quando os oprimidos ganham a liberdade, são tão opressores quanto seus antigos senhores.

Isso se vê mais nitidamente no caso do chamado nacionalismo. O nacionalismo, em teoria, é a doutrina segundo a qual os homens, por suas afinidades e tradições, formam grupos naturais, as "nações", cada uma das quais deverá se unir sob um governo central. Em linhas gerais, pode-se admitir tal doutrina. Mas, na prática, a doutrina assume uma forma mais pessoal. "Por afinidade e tradição", argumenta o nacionalista oprimido, "pertenço à nação A, mas estou sujeito a um governo que está nas mãos da nação B. Isso é uma injustiça, não só por causa do princípio geral do nacionalismo, mas porque

---

[2] Isso foi escrito antes que o cristianismo se tornasse passível de pena de dez anos de trabalhos forçados, segundo o Military Service Act [Lei do Serviço Militar] n.2. (Nota acrescentada em 1916.)

a nação A é generosa, progressiva e civilizada, ao passo que a nação B é opressora, retrógrada e bárbara. Por isso, a nação A merece prosperar, enquanto a nação B merece ser humilhada." Os habitantes da nação B são, naturalmente, surdos a reivindicações de justiça abstrata quando estas vêm acompanhadas de hostilidade pessoal e desprezo. No decurso da guerra, porém, a nação A obtém a liberdade. A energia e o orgulho que alcançaram a liberdade geram um ímpeto que leva, quase infalivelmente, à tentativa de conquista externa ou à recusa de libertar uma nação menor. "O quê? Você diz que a nação C, que faz parte do nosso Estado, tem os mesmos direitos perante a nós do que tínhamos perante a nação A? Isso é um absurdo! A nação C é sórdida e turbulenta, incapaz de bom governo, precisa de mão forte para que não se torne fonte de ameaça e perturbação para todos os seus vizinhos." Era exatamente isso o que os ingleses falavam dos irlandeses, o que os alemães e russos falavam dos poloneses, o que os poloneses da Galícia falavam dos rutenos, o que os austríacos falavam dos magiares, o que os magiares falavam dos eslavos do Sul simpatizantes da Sérvia, o que os sérvios falavam dos búlgaros da Macedônia. Desse modo, o nacionalismo, irrepreensível em teoria, leva, por um movimento natural, à opressão e às guerras de conquista. Tão logo a França se libertou dos ingleses, no século XV, embarcou na conquista da Itália; tão logo a Espanha se libertou dos mouros, iniciou mais de um século de conflito com a França pela supremacia da Europa. Sob esse aspecto, o caso da Alemanha é muito interessante. No começo do século XVIII, a cultura alemã era francesa: o francês era a língua das cortes, a língua em que Leibniz escreveu sua filosofia, a língua universal do saber e da literatura.

Mal existia a consciência nacional. E, então, uma série de grandes homens criou o autorrespeito na Alemanha, por suas realizações na poesia, na música, na filosofia e na ciência. Mas, politicamente, o nacionalismo alemão só foi criado pela opressão napoleônica e pela insurreição de 1813. Depois de séculos durante os quais toda perturbação à paz na Europa começava com uma invasão francesa, sueca ou russa à Alemanha, os alemães descobriram que, com um tanto de esforço e união, poderiam manter os exércitos estrangeiros fora de seu território. Mas o esforço exigido foi grande demais para que se pudesse cessar depois que seu propósito puramente defensivo chegara a bom termo com a derrota de Napoleão. Agora, cem anos mais tarde, eles ainda estão empenhados no mesmo movimento, que se tornou um movimento de agressão e conquista. Se estamos assistindo agora ao fim desse movimento, ainda não é possível saber.

Se os homens tivessem certo senso de comunidade de nações, o nacionalismo iria servir apenas para definir as fronteiras entre as nações. Mas como os homens sentem a comunidade somente dentro de suas próprias nações, nada além da força é capaz de fazê-los respeitar os direitos das outras nações, mesmo quando afirmam exatamente os mesmos direitos de sua parte.

Com o decorrer do tempo, pode-se esperar um desenvolvimento análogo no conflito entre capital e trabalho, que existe desde o crescimento do sistema industrial, e no conflito entre homens e mulheres, que ainda está em sua infância.

O que se quer, nesses vários conflitos, é um princípio no qual se creia genuinamente e que tenha a justiça por resultado. O cabo de guerra entre autoafirmações mútuas só resulta em justiça quando há uma equivalência acidental de forças. Não adianta querer reforçar instituições baseadas na autoridade, pois todas essas instituições implicam injustiça, e a injustiça, uma vez realizada, não pode se perpetuar sem danos fundamentais, tanto aos que a mantêm quanto aos que a ela resistem. O dano consiste no endurecimento das paredes do ego, tornando-as prisão ao invés de janela. O crescimento desimpedido do indivíduo depende de muitos contatos com outras pessoas, os quais devem ser da natureza da livre cooperação, e não do serviço forçado. Enquanto a crença na autoridade esteve ativa, a livre cooperação era compatível com a desigualdade e a sujeição, mas agora são necessárias a igualdade e a liberdade mútua. Se não quiserem dificultar o crescimento individual, todas as instituições devem se basear, tanto quanto possível, na associação voluntária, e não na força da lei ou na autoridade tradicional dos detentores do poder. Nenhuma das nossas instituições conseguirá sobreviver à aplicação desse princípio sem sofrer mudanças amplas e fundamentais; mas essas mudanças são imperiosamente necessárias caso se queira evitar que o mundo se desfaça em unidades rígidas e apartadas, cada uma em guerra com todas as outras.

As duas principais fontes de boas relações entre indivíduos são o gostar instintivo e o propósito comum. Entre os dois, o propósito comum pode parecer o mais importante politicamente, mas, na verdade, tal fonte é, no mais das vezes, o resultado, e não a causa, do gostar instintivo ou de uma aversão instintiva em comum. Os grupos biológicos, da família à nação, são constituídos por um maior ou menor grau de gostar instintivo e constroem seus propósitos comuns sobre esse fundamento.

O gostar instintivo é o sentimento que nos faz ter prazer na companhia de outra pessoa, encontrar alegria com sua presença, querer conversar com ela, trabalhar com ela, brincar com ela. A forma extrema desse sentimento é o sentir-se apaixonado, mas suas formas mais tênues, e até mesmo a mais tênue de suas formas, têm importância política. A presença de uma pessoa de quem se desgosta instintivamente tende a tornar qualquer outra pessoa mais gostável. Quando um judeu estiver presente, o antissemita gostará de qualquer cristão. Na China ou nos confins da África, qualquer homem branco será recebido com alegria. A aversão em comum é uma das causas mais frequentes do gostar instintivo moderado.

Os homens diferem imensamente na frequência e na intensidade de seu gostar instintivo, e o mesmo homem difere muito em diferentes tempos. Podemos tomar Carlyle e Walt Whitman como polos opostos nesse aspecto. Para Carlyle, pelo menos nos últimos tempos de vida, os homens e as mulheres eram repulsivos; inspiravam uma aversão instintiva que o fazia regozijar-se ao imaginá-los sob a guilhotina ou sofrendo no campo de batalha. Isso o levou a depreciar a maioria dos homens, encontrando satisfação apenas naqueles que haviam sido especialmente destrutivos à vida humana — Frederico, o Grande, dr. Francia e o governador Eyre. Isso o fez amar a guerra e a violência, desprezar os fracos e oprimidos — as "trinta mil costureiras desgraçadas", por exemplo, sobre as quais nunca cansava de lançar seu escárnio. Sua moral e sua política se inspiraram, nos últimos tempos de vida, inteiramente na repugnância a quase toda a humanidade.

Walt Whitman, ao contrário, tinha um sentimento afetuoso e expansivo para com a grande maioria dos homens e das mulheres. Seus curiosos catálogos lhe pareciam interessantes porque cada item se postava diante de sua imaginação como um objeto de deleite. O tipo de alegria que a maior parte das pessoas sente apenas com aqueles que são excepcionalmente belos ou esplêndidos, Walt Whitman o sentia com quase todo mundo. Desse gostar universal nasceu o otimismo, a crença na democracia e a convicção de que é fácil para os homens viver juntos, em paz e amizade. Sua filosofia e sua política se baseavam, como as de Carlyle, em sua atitude instintiva diante de homens e mulheres comuns.

Não se pode dar nenhuma razão objetiva para demonstrar que uma dessas atitudes é, em essência, mais racional do que a outra. Se um homem acha que as pessoas são repulsivas, nenhum argumento poderá lhe provar que elas não o são. Mas tanto os seus desejos quanto os desejos dos outros terão maior chance de encontrar satisfação se ele se parecer mais com Walt Whitman do que com Carlyle. Um mundo de Walt Whitmans seria mais feliz e mais capaz de realizar seus propósitos do que um mundo de Carlyles. Por essa razão, devemos ansiar, se nos for possível, o aumento da quantidade de gostar instintivo e a diminuição da quantidade de aversão instintiva. Esse é, talvez, o mais importante dos efeitos pelos quais se devem julgar as instituições políticas.

A outra fonte de boas relações entre indivíduos é o propósito comum, especialmente quando tal propósito não pode ser alcançado sem cooperação. Organizações como sindicatos e partidos políticos se constituem quase inteiramente de um propósito comum; qualquer gostar instintivo que se possa associar a elas é o resultado do propósito comum, não sua causa. Organizações econômicas, como companhias ferroviárias, subsistem por um propósito, mas esse propósito só precisa existir de fato naqueles que dirigem a organização: o assalariado comum não precisa ter outro propósito além de ganhar seus salários. Esse é um defeito das organizações econômicas e tem de ser corrigido. Um dos objetivos do sindicalismo é corrigir esse defeito.

O casamento é (ou deveria ser) baseado no gostar instintivo, mas, tão logo haja filhos, ou o anseio por filhos, adquire a força adicional do propósito comum. É isso, principalmente, que o distingue de uma conexão irregular que não pretende criar filhos. Na verdade, o propósito comum muitas vezes sobrevive e continua como um laço forte depois que o gostar instintivo desaparece.

Uma nação, quando real e não artificial, é fundada sobre um leve grau de gostar instintivo pelos compatriotas e uma aversão instintiva em comum pelos estrangeiros. Quando um inglês retorna a Dover ou a Folkestone depois de ter visitado o continente, sente algo amistoso nos modos familiares: os carregadores aqui e ali, os garotos jornaleiros gritando, as mulheres servindo um chá ruim, tudo lhe aquece o coração e lhe parece mais "natural", mais do jeito como os seres humanos devem ser, do que os estrangeiros, com seus hábitos de comportamento estranhos. Ele está pronto para acreditar que todos os ingleses são boas almas, ao passo que muitos estrangeiros estão cheios de planos perversos. São sentimentos assim que facilitam organizar uma nação sob uma unidade governamental. E, quando isso acontece, acrescenta-se um propósito comum, como no casamento. Os estrangeiros adorariam invadir nosso país e arrasá-lo, matar-nos em batalha, humilhar nosso orgulho. Os que cooperam conosco para prevenir esse desastre são nossos amigos, e sua cooperação intensifica nosso gostar instintivo. Mas os propósitos comuns não constituem toda a fonte de nosso amor pelo país: os aliados, mesmo que de longa data, não conclamam os mesmos sentimentos que são conclamados por nossos compatriotas. O gostar instintivo, resultante, em grande medida, de costumes e hábitos semelhantes, é um elemento essencial no patriotismo e, na verdade, a fundação sobre a qual repousa todo o sentimento.

Se quisermos que o crescimento natural dos homens seja promovido e não entravado pelo ambiente, se quisermos que se satisfaça o máximo de seus desejos e necessidades, as instituições políticas devem, o tanto quanto possível, incorporar propósitos comuns e fomentar o gostar instintivo. Essas duas finalidades estão interligadas, pois não há nada mais destrutivo ao gostar instintivo do que propósitos frustrados e necessidades não satisfeitas, e nada que facilite tanto a cooperação por propósitos comuns quanto o gostar instintivo. Quando o crescimento de um homem não sofre interdições, seu autorrespeito se mantém intacto, e ele não tende a enxergar os outros como inimigos. Mas, quando seu crescimento é impedido, por qualquer razão, ou quando ele é forçado a crescer de alguma forma tortuosa e não natural, seu instinto lhe apresenta o ambiente como inimigo, e ele se enche de ódio. A alegria de viver o abandona, e a maleficência toma o lugar da cordialidade. A maleficência dos corcundas e aleijados é proverbial; e se pode encontrar uma maleficência semelhante nos que se tornaram aleijados por modos menos evidentes. A verdadeira liberdade, se pudesse ser alcançada, contribuiria muito para destruir o ódio.

Existe uma crença, não muito rara, de que não se pode mudar aquilo que em nós é instintivo, de que se deve apenas aceitá-lo e aproveitá-lo da melhor maneira. Não se trata disso, de forma alguma. Sem dúvida, temos certa disposição inata, diferente em pessoas diferentes, que coopera com as circunstâncias exteriores para produzir certo caráter. Mas até a parte instintiva de nosso caráter é muito maleável. Pode ser modificada pelas crenças, pelas circunstâncias materiais, pelas circunstâncias sociais e pelas instituições. É provável que um holandês tenha, em grande medida, a mesma disposição inata que um alemão, mas seus instintos na vida adulta são muito diferentes, devido à ausência do militarismo e do orgulho de uma grande potência. É evidente que os instintos de celibatários se tornam profundamente distintos dos de outros homens e mulheres. Quase todos os instintos podem se apresentar de muitas formas diferentes, de acordo com a natureza dos canais de manifestação que encontram. O mesmo instinto que leva à criatividade artística ou intelectual pode, sob outras circunstâncias, levar ao amor pela guerra. O fato de uma atividade ou crença ser resultado do instinto não é, portanto, motivo para encará-lo como inalterável.

Isso se aplica ao gostar e ao desgostar instintivo das pessoas e também a seus outros instintos. É natural que os homens, assim como os outros animais, gostem de alguns membros de sua espécie e desgostem de outros; mas a proporção entre o gostar e o desgostar depende das circunstâncias, muitas vezes bastante triviais. Grande parte da misantropia de Carlyle pode ser atribuída à dispepsia: um regime médico adequado provavelmente lhe teria dado uma visão de mundo muito diferente. O defeito da punição como meio de lidar com os impulsos que a comunidade quer desencorajar é que ela não faz nada para prevenir a existência dos impulsos, mas apenas se esforça para impedir sua satisfação por meio de um apelo ao interesse pessoal. Como não erradica os impulsos, esse método provavelmente se limita a canalizá-los por outros caminhos, até mesmo quando obtém sucesso em seu objetivo imediato. E, se os impulsos forem fortes, o mero interesse pessoal não será capaz de contê-los com eficácia, pois não é um motivo muito poderoso — a não ser para pessoas extraordinariamente racionais e, em certa medida, insensíveis. O interesse pessoal é tido como um motivo mais forte do que é porque nosso ânimo faz que nos iludamos em relação ao nosso interesse e nos leva a acreditar que este se coaduna com as ações para as quais somos impelidos pelo desejo ou pelo impulso.

Assim, é falso o lugar-comum que diz que não se pode mudar a natureza humana. Todos sabemos que nossa própria personalidade e a das pessoas que conhecemos são muito afetadas pelas circunstâncias; e o que vale para os indivíduos também vale para as nações. As causas fundamentais das mudanças na natureza humana média são, em geral, puramente materiais — o clima, por exemplo — ou estão no grau de controle do homem sobre o mundo material. Podemos deixar de lado as mudanças puramente materiais, pois estas não dizem muito respeito ao político. Mas as mudanças devidas ao maior controle do homem sobre o mundo material, por meio das invenções ou da ciência, são de importância profunda e atual. Com a Revolução Industrial, elas alteraram radicalmente o cotidiano dos homens e, ao criar imensas organizações econômicas, alteraram toda a estrutura da sociedade. As crenças gerais dos homens, as quais são, em grande medida, produto do instinto e da circunstância, tornaram-se muito diferentes do que eram no século XVIII. Mas nossas instituições ainda não se adaptaram aos instintos desenvolvidos por nossas novas circunstâncias, nem às nossas verdadeiras crenças. As instituições têm vida própria e muitas vezes sobrevivem às circunstâncias que lhes deram uma roupagem apropriada ao instinto. Isso se aplica, em graus variados, a quase todas as instituições que herdamos do passado: o Estado, a propriedade privada, a família patriarcal, as Igrejas, os Exércitos e as Marinhas de guerra. Todas essas instituições se tornaram, em certo grau, opressivas e, em certa medida, hostis à vida.

Em qualquer tentativa séria de reconstrução política, é necessário compreender quais são as necessidades vitais dos homens e das mulheres comuns. No pensamento político é costumeiro presumir que as únicas necessidades que dizem respeito à política são as necessidades econômicas. Essa visão é completamente inadequada para explicar um evento como a presente guerra, pois quaisquer motivos econômicos que lhe sejam atribuídos são, em grande medida, míticos, e suas verdadeiras causas devem ser procuradas fora da esfera econômica. Necessidades que normalmente são satisfeitas sem esforço consciente continuam despercebidas, e isso resulta em uma teoria das necessidades humanas que é funcional, simples demais. Por causa, sobretudo, do industrialismo, muitas necessidades que antes eram satisfeitas sem esforço agora ficam insatisfeitas na maioria dos homens e das mulheres. Mas a velha teoria indevidamente simples das necessidades humanas sobrevive, fazendo os homens perderem de vista a fonte da nova falta de satisfação e inventarem teorias completamente falsas sobre as causas de sua insatisfação. A ideia do socialismo como panaceia me parece equivocada nesse sentido, pois é propensa demais a supor que condições econômicas melhores vão, por si mesmas, tornar os homens mais felizes. Os homens não precisam apenas de mais bens materiais, precisam, sim, de mais liberdade, mais autonomia, mais canais para a criatividade, mais oportunidades para sentir a alegria de viver, mais cooperação voluntária e menos subserviência involuntária a propósitos que não os seus. As instituições do futuro deverão ajudar a criar todas essas coisas, se é que nosso acréscimo de conhecimento e poder sobre a natureza virá a dar seu fruto completo para a realização de uma vida boa.

2.
O Estado

Sob a influência do socialismo, grande parte do pensamento liberal dos últimos anos tem sido favorável ao aumento do poder do Estado e mais ou menos hostil ao poder da propriedade privada. Por outro lado, o sindicalismo vem sendo hostil tanto ao Estado quanto à propriedade privada. Creio que o sindicalismo está mais certo do que o socialismo nesse aspecto, pois tanto a propriedade privada quanto o Estado, que são as duas instituições mais poderosas do mundo moderno, tornaram-se prejudiciais à vida por causa do excesso de poder, e ambos estão acelerando a perda da vitalidade, mal de que o mundo civilizado sofre cada vez mais. As duas instituições estão estreitamente ligadas, mas, por enquanto, quero considerar apenas o Estado. Tentarei demonstrar como são grandes, como são desnecessários, como são prejudiciais muitos de seus poderes, e como poderiam ser enormemente diminuídos, sem a perda do que é útil em sua atividade. Mas irei admitir que, em certas direções, suas funções devem ser estendidas ao invés de encurtadas.

Algumas das funções do Estado, como o serviço postal e a educação elementar, podem ser desempenhadas por agentes privados e só estão a cargo do Estado por motivos de conveniência. Já outros assuntos, como a lei, a polícia, o Exército e a Marinha, pertencem mais essencialmente ao Estado: enquanto houver algum modo de Estado, será difícil imaginar tais assuntos em mãos privadas. A distinção entre socialismo e individualismo se dá nas funções não essenciais do Estado, as quais o socialista quer estender e o individualista, restringir. São as funções essenciais, admitidas tanto por individualistas quanto por socialistas, que quero criticar, uma vez que as outras não me parecem, em si mesmas, contestáveis.

A essência dos Estados é a de ser o repositório da força coletiva de seus cidadãos. Essa força assume duas formas, uma interna e outra externa. A forma interna é a lei e a polícia; a forma externa é o poder de fazer a guerra, tal como corporificado no Exército e na Marinha. O Estado é constituído pela associação de todos os habitantes de uma área, usando sua força unificada de acordo com as ordens de um governo. Em um Estado civilizado, a força só é empregada contra seus próprios cidadãos conforme regras previamente estabelecidas, as quais constituem o código penal. Mas o emprego da força contra estrangeiros não é regulado por nenhum código de regras e avança, com poucas exceções, de acordo com algum interesse nacional, real ou imaginado.

Não podem pairar dúvidas de que a força empregada conforme a lei é menos perniciosa do que a força empregada por capricho. Se a lei internacional pudesse adquirir suficiente mando sobre a fidelidade dos homens para regular as relações entre os Estados, teríamos feito um grande avanço em nossa situação atual. A anarquia primitiva que antecedeu a lei é pior que a lei. Mas acredito que há possibilidade para um estágio de alguma forma acima da lei, em que as vantagens agora asseguradas pela lei sejam asseguradas sem perda de liberdade, e sem as desvantagens que a lei e a polícia tornam inevitáveis. Provavelmente, alguma reserva de força continuará necessária, mas o emprego efetivo da força talvez se torne muito raro e seu grau requerido, muito menor. A anarquia que precede a lei dá liberdade apenas aos fortes; a condição a ser almejada dará liberdade a todos, tanto quanto possível. Não o fará impedindo completamente a existência de forças organizadas, mas limitando ao máximo as ocasiões para seu emprego.

O poder do Estado só é limitado, internamente, pelo temor de rebelião e, externamente, pelo temor de derrota em guerra. Excetuando essas restrições, ele é absoluto. Na prática, pode confiscar as propriedades dos homens por meio dos impostos, determinar a lei do casamento e da herança, punir a expressão de opiniões que o descontentem, condenar homens à morte por desejarem que a região onde habitam pertença a outro Estado, e ordenar que todos os homens aptos arrisquem suas vidas em batalhas sempre que considerar desejável a guerra. Em muitas questões, o desacordo com os propósitos e as opiniões do Estado é ato criminoso. Antes da guerra, os Estados mais livres do mundo eram, provavelmente, os Estados Unidos e a Inglaterra. Ainda assim, nenhum imigrante podia desembarcar na América sem antes professar descrença no anarquismo e na poligamia, enquanto, na Inglaterra, homens foram mandados para a prisão nos últimos anos por expressarem discordância com a religião cristã[1] ou concordância

---

[1] As perseguições por blasfêmia.

com os ensinamentos de Cristo.[2] Em tempos de guerra, toda crítica à política externa é ato criminoso. Quando certos objetivos são considerados desejáveis pela maioria, ou pelos detentores efetivos do poder, aqueles que não consideram esses objetivos desejáveis se expõem a sofrimentos e penalidades não muito distintas das que no passado sofreram os hereges. O alcance da tirania assim exercida é ocultado por seu próprio êxito: poucos homens consideram que vale a pena se sujeitar a uma perseguição que quase certamente será completa e eficaz.

O serviço militar obrigatório talvez seja o exemplo extremo do poder do Estado e a suprema ilustração da diferença entre sua atitude para com seus próprios cidadãos e sua atitude para com os cidadãos de outros Estados. O Estado pune, com rigor imparcial, tanto os que matam seus compatriotas quanto os que se recusam a matar os estrangeiros. Em geral, este último crime é considerado o mais grave. O fenômeno da guerra é familiar, e os homens não conseguem compreender sua estranheza. Para os que estão dentro do círculo de instintos que levam à guerra, tudo parece natural e razoável. Mas, para os que estão fora, a estranheza se avulta com a familiaridade. É espantoso que a vasta maioria dos homens deva tolerar um sistema que os compele a se submeter a todos os horrores do campo de batalha a qualquer momento que seu governo os ordene a fazê-lo. Um artista francês, indiferente à política, atento apenas a sua pintura, de repente se vê convocado para atirar em alemães, os quais, seus amigos lhe garantem, são

---

2 As perseguições sindicais. [Agora é preciso acrescentar a punição dos impedidos por consciência – 1916.]

uma desgraça para toda a raça humana. Um músico alemão, igualmente alheio, é convocado para matar os pérfidos franceses. Por que esses dois não podem declarar neutralidade recíproca? Por que não deixar a guerra àqueles que gostam dela e a incitam? Ainda assim, se esses dois homens declarassem neutralidade recíproca, seriam fuzilados por seus compatriotas. Para evitar esse destino, eles tentam atirar um no outro. Se o mundo perde o artista e não o músico, a Alemanha se regozija; se o mundo perde o músico e não o artista, a França se regozija. Ninguém se lembra da perda para a civilização, que é a mesma, qualquer que seja o morto.

É uma política de hospício. Se ao artista e ao músico fosse permitido ficar à parte da guerra, o resultado seria nada mais que um bem absoluto para a humanidade. O poder do Estado, que torna isso possível, é uma coisa totalmente perversa, tão perversa quanto o poder da Igreja que, no passado, condenou homens à morte por pensamento não ortodoxo. Mesmo se em tempos de paz fosse fundada uma liga internacional constituída de franceses e alemães em igual número, todos comprometidos em não tomar parte em guerras, o Estado francês e o Estado alemão iriam perseguir a guerra com igual ferocidade. Assim como aos janízaros dos sultões medievais ou aos agentes secretos dos déspotas do Oriente, exige-se dos cidadãos de uma democracia moderna obediência cega e ilimitada disposição a matar e a morrer.[3]

---

[3] "Afinal, em um país democrático, é a maioria que deve comandar, e a minoria será obrigada a se submeter, com a maior boa vontade possível." Texto da *Westminster Gazette* sobre o recrutamento, de 29 de dezembro de 1915.

O poder do Estado pode se exercer, como muitas vezes acontece na Inglaterra, por meio da opinião pública, e não por meio das leis. Pela oratória e pela influência da imprensa, a opinião pública é largamente criada pelo Estado – e uma opinião pública tirânica é uma inimiga tão grande da liberdade quanto o são as leis tirânicas. Se o jovem que não vai à guerra descobre que será demitido do emprego, insultado nas ruas, menosprezado pelos amigos e dispensado pelo desdém de qualquer mulher que antes talvez pudesse admirá-lo, ele vai sentir que essa punição é quase tão dura de suportar quanto uma sentença de morte.[4] Uma comunidade livre requer não apenas uma liberdade formal, mas também uma opinião pública tolerante, uma ausência daquela inquisição instintiva acerca dos assuntos de nossos vizinhos, a qual, sob o pretexto de defender um padrão moral elevado, permite que pessoas

---

4 "O sr. Reginald Kemp, investigador de West Middlesex, fez algumas observações bastante fortes a respeito da conduta das mulheres 'white feather' [pena branca] em um inquérito realizado sábado, em Ealing, acerca de Richard Charles Roberts, 34 anos, motorista de táxi de Shepherd's Bush, que cometeu suicídio em consequência das inquietações derivadas de sua rejeição pelo Exército e do escárnio dessas mulheres e de outros recrutadores amadores.

"Afirmou-se que ele tentara alistar-se no Exército em outubro, mas fora rejeitado por conta de problemas no coração. Isso já o deixara deprimido, disse a viúva, e ele ficara preocupado porque pensou que poderia perder a carteira de motorista devido ao estado de seu coração. Também o perturbara a grave doença de um dos filhos.

"Um soldado parente seu disse que a vida do falecido fora transformada em um 'verdadeiro martírio' pelas mulheres que o ridicularizavam e o chamavam de covarde por ele não ter se alistado no Exército. Alguns dias atrás, duas mulheres em Maida Vale o insultaram dizendo 'coisas chocantes'.

boas saciem, inconscientemente, a disposição à crueldade e à perseguição. Pensar mal dos outros não é, por si só, razão suficiente para pensarmos bem de nós mesmos. Mas, enquanto isso não for reconhecido e enquanto o Estado puder manipular a opinião pública, exceto nos raros casos em que esta é revolucionária, deve-se considerar a opinião pública como parte indisputável do poder do Estado.

O poder do Estado fora de suas próprias fronteiras deriva, em geral, da guerra ou da ameaça de guerra. Algum poder deriva da habilidade de persuadir seus cidadãos a emprestarem dinheiro ou não, mas isso é insignificante se comparado ao poder que deriva de exércitos e marinhas. A atividade externa do Estado, com exceções negligenciáveis de tão raras, é egoísta. Às vezes, o egoísmo é mitigado pela necessidade de preservar a boa vontade dos outros Estados, mas isso modifica somente os métodos empregados, não os fins perseguidos. Estes, exceto a mera defesa contra outros Estados, são, por um lado, oportunidades para a exploração bem-sucedida de países fracos ou incivilizados e, por outro lado, poder e prestígio, que são considerados mais gloriosos e menos materiais que o dinheiro. Na busca por tais objetivos, nenhum Estado hesita em mandar matar inumeráveis estrangeiros cuja felicidade não

---

"Falando com certo fervor, o investigador chamou de abominável a conduta de tais mulheres. Era escandaloso que mulheres que nada sabiam das circunstâncias pessoais se permitissem sair por aí tornando insuportável a vida de homens que haviam tentado cumprir seu dever. Era uma pena que não tivessem nada melhor a fazer. Aí estava um homem que talvez tivesse sido levado à morte por um bando de mulheres estúpidas. Ele espera que se faça algo com urgência para pôr fim a tais condutas." Texto do jornal *Daily News*, de 26 de julho de 1915.

seja compatível com a exploração e a sujeição, ou em devastar territórios onde se julgue necessário espalhar o terror. Além da guerra atual, tais atos vêm sendo praticados nos últimos vinte anos por muitos Estados menores e por todas as grandes potências,[5] exceto a Áustria. E, no caso da Áustria, faltou apenas oportunidade, não vontade.

Por que os homens aquiescem ao poder do Estado? Há muitas razões, algumas tradicionais, outras muito atuais e prementes.

A razão tradicional da obediência ao Estado é a lealdade pessoal ao soberano. Os Estados europeus cresceram sob o sistema feudal e consistiam, originalmente, nos vários territórios pertencentes ao senhor feudal. Mas essa fonte de obediência se deteriorou e, provavelmente, agora vale muito pouco, a não ser no Japão e, em menor medida, na Rússia.

O sentimento tribal, que sempre serve de base para a lealdade ao soberano, continuou tão forte quanto era e agora é o principal sustentáculo do poder do Estado. Quase todo homem pensa que é essencial para sua felicidade sentir-se membro de um grupo, animado por amizades e inimizades comuns, unido para a defesa e o ataque. Mas tais grupos são de dois tipos: há os que são, essencialmente, alargamentos da família e há os que se baseiam em um propósito comum consciente. As nações pertencem ao primeiro tipo; as Igrejas, ao segundo. Às vezes, quando os homens estão profundamente agitados por credos, as divisões nacionais tendem a

---

5 Pela Inglaterra na África do Sul; pelos Estados Unidos nas Filipinas; pela França no Marrocos; pela Itália em Trípoli; pela Alemanha no sudoeste da África; pela Rússia na Pérsia e na Manchúria; pelo Japão na Manchúria.

desvanecer, como aconteceu nas guerras de religião depois da Reforma. Nesses momentos, um credo comum é um vínculo mais forte do que uma nacionalidade comum. A mesma coisa ocorreu no mundo moderno, em medida muito menor, com a ascensão do socialismo. Homens que não acreditam na propriedade privada e sentem que o capitalista é o verdadeiro inimigo têm um vínculo que transcende as divisões nacionais. Tais vínculos não foram fortes o bastante para resistirem às paixões despertadas pela guerra atual, mas as fizeram menos pungentes entre os socialistas e vêm mantendo viva a esperança na reconstrução de uma comunidade europeia depois que a guerra acabar. De modo geral, porém, a descrença universal nos credos deixou que o sentimento tribal fosse triunfante e tornou o nacionalismo mais forte do que em qualquer outro período da história mundial. Uns poucos cristãos sinceros, uns poucos socialistas sinceros encontraram em seu credo uma força capaz de resistir aos assaltos da paixão nacional, mas foram muito poucos para influir no curso dos acontecimentos ou sequer causar perturbações graves nos governos.

É principalmente o sentimento tribal o que gera a unidade de um Estado nacional, mas não é apenas ele o que gera sua força. Sua força resulta, sobretudo, de dois temores, nenhum deles desarrazoado: o temor do crime e da anarquia dentro; e o temor da agressão de fora.

A ordem interna de uma comunidade civilizada é uma grande conquista, trazida, sobretudo, pelo aumento da autoridade do Estado. Seria inconveniente se cidadãos pacíficos estivessem sob risco constante e iminente de serem roubados e assassinados. A vida civilizada se tornaria quase impossível se aventureiros pudessem formar exércitos particulares com o propósito de saquear. Essas condições existiram na Idade Média e não expiraram sem grande esforço. Muitos, especialmente os ricos, que tiram máxima vantagem da lei e da ordem, pensam que qualquer diminuição no poder do Estado poderia trazer de volta a condição de anarquia universal. Eles enxergam as greves como presságios de dissolução. Ficam aterrorizados com organizações como a Confédération Générale du Travail [Confederação geral do trabalho] e a International Workers of the World [Trabalhadores internacionais do mundo]. Eles se lembram da Revolução Francesa e sentem um desejo nada anormal de manter a cabeça sobre os ombros. Temem, particularmente, qualquer teoria política que pareça escusar crimes secretos, tais como a sabotagem e o assassinato político. Contra esses perigos, eles não veem outra proteção senão a conservação da autoridade do Estado e a crença de que toda resistência ao Estado é nefasta.

O temor do perigo interno é reforçado pelo temor do perigo externo. Todo Estado está exposto, a todo momento, ao risco de invasão estrangeira. Não se concebeu, até agora, nenhum meio de minimizar esse risco, a não ser pela ampliação dos armamentos. Mas os armamentos que, em tese, servem para repelir a invasão também podem ser usados para invadir. E, então, os meios adotados para diminuir o temor externo têm por efeito o seu agravamento, além do enorme acréscimo de destrutividade da guerra quando ela de fato se deflagra. Desse modo, o reinado do terror se torna universal, e o Estado assume, em toda parte, algo do caráter do Comité de Salut Public [Comitê de salvação pública].

É natural o sentimento tribal a partir do qual se desenvolve o Estado, e, sob as atuais circunstâncias, é razoável o temor pelo qual o Estado se fortalece. Além dessas duas, há uma terceira fonte da força de um Estado nacional, a saber, o patriotismo em seu aspecto religioso.

O patriotismo é um sentimento muito complexo, construído a partir de instintos primitivos e convicções altamente intelectualizadas. Existe o amor ao lar, à família e aos amigos, que nos deixa particularmente aflitos para preservarmos nosso país da invasão. Existe um gostar instintivo moderado a favor dos compatriotas e contra os estrangeiros. Existe o orgulho ligado ao êxito da comunidade à qual sentimos pertencer. Existe uma crença, sugerida pelo orgulho e reforçada pela história, de que a própria nação representa uma grande tradição e defende os ideais que são importantes para a raça humana. Mas, além de tudo isso, há um outro elemento, a um só tempo mais nobre e mais exposto ao ataque, um elemento de veneração, de sacrifício voluntário, de alegre fusão da vida individual com a vida da nação. Esse elemento religioso do patriotismo é essencial para a força do Estado, uma vez que mobiliza o que há de melhor na maioria dos homens para o lado do sacrifício nacional.

O elemento religioso do patriotismo é reforçado pela educação, especialmente pelo conhecimento da história e da literatura do país, desde que não seja acompanhado pelo grande conhecimento da história e da literatura de outros países. Em cada país civilizado, toda a instrução dos jovens enfatiza o mérito da própria nação e os defeitos das outras nações. Chega-se, então, à crença universal de que a nação, por causa de sua superioridade, merece apoio em uma contenda, qualquer que tenha sido a origem dessa contenda. Essa crença, de tão genuína e profunda, faz que os homens suportem pacientemente, quase com alegria, as perdas, provações e sofrimentos ocasionados pela guerra. Assim como todas as religiões em que sinceramente se crê, esta fornece uma perspectiva da vida baseada no instinto, mas ao mesmo tempo o sublima, causando uma devoção direcionada a um fim maior que todos os fins pessoais, mas contendo em si, como que diluídos em uma solução, muitos fins pessoais.

O patriotismo é insatisfatório enquanto religião porque lhe falta universalidade. O bem que busca é um bem para apenas uma nação, e não para toda a humanidade. Os desejos que inspira em um inglês não são os mesmos desejos que inspira em um alemão. Um mundo cheio de patriotas pode ser um mundo cheio de conflitos. Quanto mais uma nação acredite em seu patriotismo, mais fanaticamente insensível será aos danos sofridos por outras nações. Quando os homens tiverem aprendido a subordinar seu próprio bem ao bem de um todo maior, não haverá nenhuma razão válida para se deter a raça humana. É a dose de orgulho nacional o que, na prática, torna tão fácil para o impulso dos homens ao sacrifício se deter nas fronteiras de seu próprio país. É essa dose o que envenena o patriotismo e o torna inferior, enquanto religião, às crenças que buscam a salvação de toda a humanidade. Não conseguimos evitar que sintamos mais amor por nosso próprio país do que pelos outros países, e não há razão pela qual devêssemos querer evitá-lo, assim como não há razão para que devêssemos querer amar igualmente a todos os homens e mulheres. Mas qualquer religião adequada nos levará a moderar a desigualdade do afeto por conta do amor à justiça e a universalizar nossos objetivos por conta da compreensão das necessidades comuns do homem. Essa mudança foi efetuada pelo cristianismo no judaísmo e deve ser efetuada em toda religião meramente nacional antes que possa se purgar do mal.

Na prática, o patriotismo tem muitos outros inimigos com quem lutar. O cosmopolitismo não pode deixar de crescer à medida que os homens adquirem mais conhecimento sobre os países estrangeiros por meio da educação e da viagem. Também há um tipo de individualismo que está em crescimento contínuo, uma percepção de que todo homem deve ser tão livre quanto possível para escolher seus próprios fins, e não compelido por um acidente de natureza geográfica a perseguir os fins que a comunidade lhe impõe. O socialismo, o sindicalismo e os movimentos anticapitalistas tendem, em geral, a ser contra o patriotismo, pois fazem que os homens tenham consciência de que o Estado atual se interessa principalmente em defender os privilégios dos ricos e de que muitos dos conflitos entre Estados têm origem nos interesses financeiros de uns poucos plutocratas. Essa espécie de oposição talvez seja temporária, um mero incidente na luta da classe trabalhadora para ganhar poder. A Austrália, onde os trabalhadores sentem que a vitória está assegurada, é cheia de patriotismo e militarismo baseados na determinação de prevenir que o proletariado estrangeiro compartilhe dos benefícios de uma situação privilegiada. Não é improvável que a Inglaterra viesse a desenvolver um nacionalismo semelhante, caso se tornasse um Estado socialista. Mas é provável que tal nacionalismo fosse puramente defensivo. Esquemas de agressão estrangeira, que implicam grande perda de vidas e riquezas na nação que os adota, dificilmente seriam iniciados, a não ser por aqueles cujos instintos de dominação tivessem sido aguçados pelo poder que deriva da propriedade privada e das instituições do Estado capitalista.

O mal que o poder excessivo do Estado produz no mundo moderno é muito grande e muito pouco reconhecido.

O principal dano produzido pelo Estado é a produção da eficiência na guerra. Se todos os Estados aumentarem sua força, o equilíbrio de poder continuará inalterado e nenhum Estado terá melhor chance de vitória do que antes. E, quando os meios de agressão existirem, mesmo que seu propósito original tenha sido defensivo, a tentação de usá-los se provará, cedo ou tarde, irresistível. Desse modo, as mesmas medidas que promoveram segurança dentro das fronteiras do Estado promovem insegurança em outros lugares. É da essência do Estado suprimir a violência interna e facilitá-la externamente. O Estado faz uma divisão totalmente artificial da humanidade e de nossos deveres para com os homens: a um grupo estamos ligados pela lei, a outro, apenas pela prudência dos bandoleiros. O Estado se faz perverso por suas exclusões e pelo fato de que se torna, sempre que embarca em uma guerra agressiva, uma associação de homens para matar e saquear. O atual sistema é irracional, pois a anarquia externa e a interna devem estar ambas certas ou ambas erradas. Ele se mantém porque, enquanto os outros o adotarem, será considerado o único caminho para a segurança e porque assegura os prazeres do triunfo e da dominação, os quais não podem ser obtidos em uma boa comunidade. Se esses prazeres não fossem mais procurados, ou não fosse mais possível obtê-los, o problema de garantir a segurança contra invasões não seria tão difícil.

Para além da guerra, o grande Estado moderno é prejudicial por sua enormidade e pelo sentimento de desamparo que deixa nos indivíduos. O cidadão que não simpatiza com os objetivos do Estado não pode ter a esperança, a menos que seja um homem de dons muito raros, de persuadir o Estado a adotar propósitos que lhe pareçam melhores. Até mesmo em uma democracia, todas as questões, à exceção de algumas poucas, são decididas por um pequeno número de funcionários e homens eminentes, e até mesmo as poucas questões que são entregues ao voto popular são decididas por uma difusa psicologia de massa, e não pela iniciativa individual. Isso é especialmente perceptível em um país como os Estados Unidos, onde, a despeito da democracia, grande parte dos homens tem uma sensação de impotência quase completa a respeito de todos os temas mais importantes. Em um país grande, a vontade popular é como uma das forças da natureza e parece, tanto quanto estas, fora do controle de que qualquer homem. Esse estado de coisas traz, não apenas na América, mas em todos os grandes Estados, algo do cansaço e do desânimo que associamos ao Império Romano. Os Estados modernos, em oposição às pequenas Cidades-Estados da Grécia antiga ou da Itália medieval, deixam pouco espaço para a iniciativa e não conseguem desenvolver na maioria dos homens qualquer senso de habilidade para controlar seus destinos políticos. Os poucos homens que chegam ao poder em tais Estados são dotados de ambição e sede de dominação desproporcionais, combinadas ao talento para bajular e à sutileza para negociar. Todos os demais são apequenados pelo conhecimento de sua própria impotência.

Um curioso resquício da velha ideia monárquica de Estado é a crença de que há uma peculiar perversidade no desejo de secessão por parte de qualquer parcela da população. Se a Irlanda ou a Polônia desejam independência, logo se considera óbvio que a este desejo se deve resistir de forma tenaz e que qualquer tentativa de assegurá-lo precisa ser condenada como "alta traição". O único exemplo contrário de que consigo me lembrar é a separação da Noruega e da Suécia, que foi elogiada, mas não imitada. Nos outros casos, apenas a derrota na guerra obrigou Estados a ceder territórios: embora essa atitude seja tida como certa, não é a que seria adotada se o Estado tivesse melhores objetivos em vista. A razão de sua adoção é que o objetivo principal de quase todos os grandes Estados é o poder, especialmente o poder na guerra. E este aumenta, com frequência, pela inclusão de cidadãos relutantes. Se o objetivo em vista fosse o bem-estar dos cidadãos, a questão de certa área dever ser incluída ou formar um Estado separado seria entregue à livre decisão dessa área. Se esse princípio fosse adotado, uma das principais razões para a guerra seria prevenida e se removeria um dos elementos mais tirânicos do Estado.

A principal fonte de prejuízos causados pelo Estado é o fato de que o poder é seu objetivo mais importante. Não é o caso dos Estados Unidos, porque a América está a salvo das agressões;[6] mas, em todas as outras grandes nações, o objetivo principal do Estado é possuir a maior quantidade possível de força externa. Para tanto, a liberdade dos cidadãos é cerceada, e a propaganda antimilitarista severamente punida. Essa atitude tem suas raízes no orgulho e no temor: orgulho que se recusa a ser conciliatório e temor que receia os resultados de um conflito entre o orgulho estrangeiro e o nosso próprio orgulho. Parece haver algo de acidente histórico no fato de essas duas paixões, que de forma alguma esgotam as paixões políticas do homem comum, terem de determinar tão completamente

---

6 Isso foi escrito em 1915.

a política externa do Estado. Sem orgulho, não haveria nenhum motivo para o temor: o temor de uma nação se deve ao suposto orgulho de outra nação. O orgulho do domínio, a relutância a resolver disputas por outro meio que não a força, ou a ameaça ao uso da força, é um hábito mental grandemente encorajado pela posse do poder. Aqueles que por muito tempo se habituaram ao exercício do poder se tornam autocráticos e irascíveis, incapazes de enxergar um igual senão como um rival. É notório que as conferências de diretores são mais propensas a discordâncias violentas do que a da maioria de órgãos semelhantes: cada diretor tenta tratar os outros como trata seus próprios alunos; os outros se ofendem com tal tratamento e ele se ofende com a ofensa. Os homens que se habituaram à autoridade são particularmente inaptos para a negociação amistosa, mas as relações oficiais entre os Estados estão, sobretudo, nas mãos de homens que têm bastante autoridade em seus próprios países. Isso, é claro, ocorre principalmente onde o monarca é quem governa de verdade. É menos verdadeiro onde há uma oligarquia dominante e ainda menos verdadeiro onde há alguma aproximação com a democracia de fato. Mas é verdadeiro para uma quantidade considerável de países, porque primeiros-ministros e ministros das Relações Exteriores são, necessariamente, homens de autoridade. O primeiro passo para remediar esse estado de coisas é um interesse genuíno nos assuntos exteriores por parte do cidadão comum e uma insistência em que o orgulho nacional não se permita a arriscar seus outros interesses. Durante a guerra, quando está empolgado, ele fica disposto a sacrificar tudo pelo orgulho; mas, em tempos tranquilos, ele ficará muito mais propenso que os homens de autoridade a perceber que os assuntos exteriores, assim como os interesses privados, devem se resolver amigavelmente, de acordo com princípios, e não brutalmente, pela força ou ameaça da força.

O efeito do viés pessoal nos homens que realmente compõem o governo pode ser visto com mais clareza nas disputas trabalhistas. Os sindicalistas franceses afirmam que o Estado é, simplesmente, um produto do capitalismo, uma parte das armas que o capital emprega em seu conflito com o trabalho. Há muita coisa que corrobora essa visão, mesmo nos Estados democráticos. Nas greves, é comum convocar os soldados para coagir os grevistas; embora os empregadores estejam em número muito menor e sejam muito mais fáceis de coagir, nunca se empregam os soldados contra eles. Quando perturbações trabalhistas paralisam a indústria de um país, os trabalhadores é que são chamados de antipatriotas, não os patrões, embora a responsabilidade recaia, evidentemente, sobre ambos os lados. A razão principal para essa atitude da parte dos governos é a de que os homens que o compõem pertencem, por seus méritos, se não por sua origem, à mesma classe que os grandes empregadores. Seu viés tendencioso e suas relações se combinam para fazê-los ver as greves e *lockouts* a partir do ponto de vista dos ricos. Em uma democracia, a opinião pública e a necessidade de conciliar partidários políticos corrigem, parcialmente, essas influências plutocráticas, mas a correção sempre é apenas parcial. E as mesmas influências que deturpam a visão dos governos sobre as questões trabalhistas também deturpam suas visões sobre a política externa, com a desvantagem adicional de que o cidadão comum tem muito menos meios de chegar a um julgamento independente neste tema.

O poder excessivo do Estado, em parte por meio da opressão interna, mas, sobretudo, por meio da guerra e do temor da guerra, é uma das causas principais da miséria no mundo moderno e uma das principais razões do desânimo que impede os homens de crescerem até sua plena estatura mental. É preciso encontrar meios de remediar esse poder excessivo, caso não se queira que os homens se organizem em desespero, como fizeram no Império Romano.

O Estado tem um propósito que, de modo geral, é bom: a substituição da força pela lei nas relações entre os homens. Mas esse propósito só pode ser plenamente alcançado por um Estado-Mundo, sem o qual as relações internacionais não podem ser submetidas à lei. E, muito embora a lei seja melhor que a força, a lei ainda não é o melhor meio para resolver as controvérsias. A lei é estática demais, está muito do lado do que está ruindo e muito pouco do lado do que está crescendo. Enquanto a lei for teoricamente suprema, ela terá de ser ajustada de tempos em tempos, por revolução interna e por guerras externas. Estas só poderão ser evitadas com uma prontidão perpétua para alterar a lei de acordo com o equilíbrio de forças do momento. Caso isso não seja levado a cabo, os motivos para o apelo à força se tornarão, cedo ou tarde, irresistíveis. Para ser bem-sucedido, um Estado-Mundo, ou uma federação de Estados, terá de decidir as questões não por meio de sentenças legais a serem aplicadas pelo tribunal de Haia, mas, tanto quanto possível, no mesmo sentido em que seriam decididas pela guerra. A função da autoridade deve ser a de tornar desnecessário o apelo à força, e não a de apresentar decisões contrárias àquelas que se alcançariam pela força.

Algumas pessoas poderão achar que esse ponto de vista é imoral. Talvez digam que o objetivo da civilização deveria ser o de assegurar a justiça, e não o de dar a vitória ao mais forte. Mas, quando se admite essa antítese, fica esquecido o fato de que o amor pela justiça pode, ele próprio, desencadear a força. Um órgão legislativo que deseje decidir uma questão do mesmo modo como seria resolvida se houvesse o apelo à força deverá, necessariamente, levar a justiça em conta, desde que a justiça esteja tão flagrantemente de um dos lados que as partes desinteressadas se disponham a entrar no conflito. Se um homem forte ataca um fraco nas ruas de Londres, o equilíbrio de forças pende para o lado do fraco, porque, mesmo se a polícia não aparecer, os transeuntes vão entrar na briga para defendê-lo. É pura hipocrisia falar de uma disputa entre força e direito e, ao mesmo tempo, ter esperança na vitória do direito. Se a disputa for, de fato, entre força e direito, isso *significa* que o direito será vencido. O que se quer subentender nessa frase é que o lado mais forte só é considerado mais forte por conta do senso de direito dos homens. Mas o senso de direito dos homens é muito subjetivo e constitui apenas um fator na decisão da preponderância da força. O que se deseja de um órgão legislativo não é que decida por seu próprio senso de direito, mas que decida de modo a fazer sentir que o apelo à força é desnecessário.

Depois de considerar o que o Estado não deve fazer, vou agora ao que ele deve fazer.

Além da guerra e da preservação da ordem interna, há certas funções mais positivas que o Estado desempenha e outras que deveria desempenhar.

No que diz respeito a essas funções positivas, podemos estabelecer dois princípios.

Primeiro: há questões nas quais o bem-estar de toda a comunidade depende da obtenção praticamente universal de um determinado mínimo; nesses casos, o Estado tem o direito de insistir para que esse mínimo seja obtido.

Segundo: há maneiras pelas quais o Estado, ao insistir na manutenção da lei, se não faz mais nada além disso, torna possíveis várias formas de injustiça que, de outra maneira, seriam prevenidas pela raiva das vítimas. Essas injustiças deveriam, tanto quanto possível, ser evitadas pelo Estado.

O exemplo mais óbvio de uma questão em que o bem-estar geral depende de um mínimo universal é o saneamento e a prevenção das doenças infecciosas. Se negligenciado, um único caso de peste pode causar um desastre para toda a comunidade. Ninguém pode argumentar com razão, baseado em fundamentos gerais da liberdade, que um homem portador da peste deva ficar livre para espalhar a infecção por toda parte. Considerações exatamente semelhantes se aplicam ao sistema de esgotos, notificação de febres e assuntos afins. A interferência com a liberdade continua sendo um mal, mas, em alguns casos, é claramente um mal menor do que a disseminação da doença que seria produzida pela liberdade. A erradicação da malária e da febre amarela com a destruição dos mosquitos talvez seja o exemplo mais notável do bem que se pode fazer por esse meio. Mas, quando a interferência com a liberdade é grande e o bem, pequeno e questionável, fica melhor suportar certa quantidade de doenças preveníveis do que sofrer uma tirania científica.

A educação obrigatória vem sob o mesmo tópico do saneamento. A existência de massas ignorantes na população é um perigo para a comunidade; quando uma porcentagem considerável é iletrada, toda a maquinaria do governo tem de levar em conta o fato. A democracia em sua forma moderna seria impossível em uma nação onde muitos homens não saibam ler. Mas, nesse caso, não há a mesma necessidade de absoluta universalidade que há no caso das medidas sanitárias. Os ciganos, cujo modo de vida foi tornado quase impossível pelas autoridades educativas, poderiam muito bem ser deixados como uma pitoresca exceção. Mas, fora essas exceções desimportantes, o argumento da educação obrigatória é irresistível.

O que o Estado faz para cuidar das crianças atualmente está aquém do que deveria fazer, e não além. As crianças não são capazes de zelar pelos próprios interesses, e a responsabilidade dos pais é, em muitos sentidos, insuficiente. Está claro que apenas o Estado pode insistir para que as crianças recebam o mínimo de conhecimento e saúde que, por enquanto, satisfaz a consciência da comunidade.

O estímulo à pesquisa científica é mais uma questão que cai diretamente dentro dos poderes do Estado, porque os benefícios das descobertas se revertem em favor da comunidade, embora as pesquisas sejam caras e jamais ofereçam a certeza de que, individualmente, venham a alcançar algum resultado. Nesse aspecto, a Grã-Bretanha está atrasada em relação a todos os outros países civilizados.

O segundo tipo de poder que o Estado precisa possuir é aquele que visa à diminuição da injustiça econômica. É esse tipo que vem sendo enfatizado pelos socialistas. A lei cria ou facilita os monopólios, e os monopólios extorquem uma taxa da comunidade. O exemplo mais flagrante é a propriedade privada da terra. As estradas de ferro são hoje controladas pelo

Estado, pois as tarifas são fixadas por lei; e é claro que, se não fossem controladas, alcançariam um perigoso grau de poder.[7] Essas considerações, se conseguissem se sustentar sozinhas, justificariam o completo socialismo. Mas penso que a justiça, em si mesma, é, assim como a lei, estática demais para ser tomada como um princípio político supremo: ela não contém, quando alcançada, nenhuma semente de vida nova e tampouco algum ímpeto para o desenvolvimento. Por essa razão, quando queremos remediar uma injustiça, é importante considerar se, ao fazê-lo, não estaremos destruindo o incentivo para alguma forma de ação vigorosa que seja, de modo geral, útil à comunidade. Até onde vejo, nenhuma ação como essa se associa à propriedade privada da terra ou a qualquer outra fonte de renda econômica; se esse for o caso, cabe ao Estado ser o principal coletor de rendas.

Se todos esses poderes são permitidos ao Estado, o que acontece com a tentativa de resgatar a liberdade individual de sua tirania?

Isso é parte do problema geral com que se confrontam todos aqueles que ainda apreciam os ideais que inspiram o liberalismo, a saber, o problema de combinar liberdade e iniciativa pessoais com organização. A política e a economia são cada vez mais dominadas pelas grandes organizações, diante das quais o indivíduo corre o perigo de se tornar impotente. O Estado é a maior dessas organizações e a ameaça mais séria à liberdade. Ainda assim, parece que muitas de suas funções devem ser estendidas ao invés de encurtadas.

---

[7] Isso seria tão verdadeiro em um regime sindicalista quanto o é agora.

Há um modo pelo qual organização e liberdade podem se combinar, que é assegurando o poder das organizações voluntárias, constituídas por homens que escolheram pertencer a elas porque estas incorporam um propósito que todos os seus membros consideram importante, não um propósito imposto por acidente ou força externa. Por ser geográfico, o Estado não pode ser uma associação totalmente voluntária, e exatamente por essa razão é necessária uma opinião pública que o impeça de usar seus poderes tiranicamente. Essa opinião pública, na maioria dos casos, só pode ser assegurada pelas associações daqueles que têm certos interesses e desejos em comum.

Os propósitos positivos do Estado, para além da preservação da ordem, deveriam, tanto quanto possível, ser realizados não pelo próprio Estado, mas por organizações independentes, as quais deveriam ficar totalmente livres, desde que satisfizessem o Estado ao não caírem abaixo de um mínimo necessário. Atualmente, isso ocorre, até certo ponto, na educação elementar. Também as universidades podem ser encaradas como organizações que atuam pelo Estado em matéria de educação superior e pesquisa, só que, nesse caso, não se exige um mínimo de realização. Na esfera econômica, o Estado precisa exercer o controle, mas também precisa permitir a iniciativa de outros. Há inúmeras razões para se multiplicarem as oportunidades de iniciativa e para dar a maior parcela possível de iniciativa a cada indivíduo, porque, se isso não for feito, haverá uma sensação generalizada de impotência e desânimo. Deveria haver um esforço constante para deixar os aspectos mais positivos do governo nas mãos das organizações voluntárias, restando como propósito do Estado apenas cobrar eficiência e garantir acordos amigáveis de disputas, dentro ou fora de suas fronteiras. E a isso se deveria combinar a maior tolerância possível com as exceções e a menor insistência possível na uniformização do sistema.

Muito se poderia alcançar com administrações locais, organizadas tanto por profissões quanto por zonas. Essa é a ideia mais original do sindicalismo e tem grande valor para restringir a tirania que a comunidade pode se sentir tentada a exercer sobre certas classes de seus membros. Todas as organizações fortes que incorporam uma opinião pública setorizada, tais como os sindicatos, as cooperativas, as profissões e as universidades, devem ser bem-vindas enquanto salvaguardas da liberdade e das oportunidades para iniciativas. E é necessária uma opinião pública forte em favor da liberdade em si. As velhas batalhas por liberdade de pensamento e liberdade de expressão, que se julgavam definitivamente vencidas, terão de ser lutadas mais uma vez, pois a maioria dos homens só está disposta a reconhecer a liberdade das opiniões que venham a ser populares. As instituições não podem preservar a liberdade, a menos que os homens entendam que a liberdade é preciosa e estejam dispostos a se empenhar para mantê-la viva.

Há uma tradicional objeção a todo *imperium in imperio*, mas isso é só o ciúme do tirano. Na realidade, o Estado moderno contém muitas organizações que ele próprio não consegue derrotar, a não ser, talvez, nas raras ocasiões em que a opinião pública se ergue contra elas. A longa disputa do sr. Lloyd George com a classe médica a respeito do Insurance Act [Lei da Seguridade Social] foi repleta de reviravoltas homéricas. Em 1915, os mineiros galeses destroçaram todo o poder do Estado com o apoio de uma nação empolgada. Quanto aos financistas, nenhum governo sonharia entrar em conflito com eles. Quando todas as outras classes são exortadas ao patriotismo, eles conseguem os seus 4,5% e um acréscimo de juros em seus fundos consolidados. Bem se sabe que apelar ao patriotismo deles é demonstração de crassa ignorância a respeito do mundo. Vai contra as tradições do Estado lhes extorquir dinheiro com a ameaça de lhes retirar a proteção da polícia. Isso não se deve à dificuldade da medida, mas apenas ao fato de que a grande riqueza conquista a admiração genuína de todos nós, e não conseguimos pensar em um homem muito rico sendo tratado com desrespeito.

A existência de organizações fortes dentro do Estado, tais como sindicatos, não é indesejável, a não ser a partir do ponto de vista do funcionário que quer exercer poder ilimitado ou de organizações rivais, tais como as federações de indústrias, que prefeririam um adversário desorganizado. Diante da enormidade do Estado, a maioria dos homens não encontra muitos canais para suas iniciativas, a não ser em organizações subordinadas, constituídas para propósitos específicos. Sem um canal para a iniciativa política, os homens perdem seu vigor social e seu interesse nas questões públicas: se tornam presa fácil para titereiros corruptos ou para mascates de ilusões que dominam a arte de capturar as atenções cansadas e errantes. A cura para esse mal é aumentar os poderes das organizações voluntárias ao invés de diminuí-los, dar a cada homem uma esfera de atividade política do tamanho suficiente para seu interesse e capacidade, além de limitar as funções do Estado, tanto quanto possível, à manutenção da paz entre interesses rivais. O mérito essencial do Estado é o de prevenir o uso interno da força por particulares. Seus deméritos essenciais são o de promover o uso externo da força e o de, por seu tamanho vultoso, fazer que todo indivíduo se sinta impotente, mesmo em uma democracia. Voltarei à questão de prevenir a guerra em uma próxima conferência. A prevenção do sentimento de impotência individual não pode ser alcançada por um retorno à pequena Cidade-Estado, que seria tão reacionário quanto um retorno aos dias de antes das máquinas. Ela deve ser alcançada por um método que está na direção das tendências atuais. Tal método seria a crescente devolução da iniciativa política positiva aos órgãos formados voluntariamente para propósitos específicos, deixando o Estado na posição de uma autoridade federal ou de uma corte de arbitragem. O Estado iria se limitar, então, a insistir em algum acordo entre interesses rivais: seu único princípio para decidir qual é o acordo correto seria uma tentativa de encontrar a medida mais aceitável, de modo geral, a todas as partes interessadas. É para essa direção que naturalmente tendem os Estados democráticos, exceto quando são desviados pela guerra ou pelo temor da guerra. Enquanto a guerra continuar sendo um perigo diário iminente, o Estado continuará sendo um Moloque, sacrificando por vezes a vida do indivíduo e sempre o seu desenvolvimento irrestrito à estéril batalha pelo predomínio na competição com os outros Estados. Tanto nos assuntos internos quanto nos externos, o pior inimigo da liberdade é a guerra.

3.
A guerra como instituição

A despeito do fato de a maior parte das nações estar em paz na maior parte do tempo, a guerra é uma das instituições permanentes de todas as comunidades livres, assim como o Parlamento é uma das nossas instituições permanentes, a despeito do fato de não estar sempre reunido. É sobre a guerra como instituição permanente que eu gostaria de fazer algumas considerações: por que os homens a toleram; por que não deveriam tolerá-la; que esperança há de que venham a não tolerá-la; e como poderiam aboli-la se quisessem fazê-lo.

A guerra é um conflito entre dois grupos, cada um dos quais tentando matar e mutilar o maior número possível de membros do outro grupo, com o intuito de alcançar o objetivo que deseja. O objetivo é, geralmente, poder ou riqueza. É um prazer exercer autoridade sobre outros homens, e é um prazer viver da produção do trabalho de outros homens. O vencedor da guerra pode desfrutar dessas delícias mais do que o vencido. Mas a guerra, assim como todas as outras atividades naturais, não é tão movida pelo fim que tem em vista quanto por um impulso à atividade em si. Com muita frequência os homens desejam um fim, não pelo fim em si, mas porque sua natureza demanda as ações que levarão ao fim. E é o que se dá nesse caso: os fins a serem alcançados parecem muito mais importantes na perspectiva do que quando são realizados, porque a guerra em si já é uma realização para um lado da nossa natureza. Se as ações dos homens nascessem de desejos por aquilo que, de fato, traria felicidade, os argumentos puramente racionais contra a guerra já teriam, há muito tempo, posto um fim a ela. O que torna a guerra tão difícil de suprimir é o fato de que nasce de um impulso, e não de um cálculo das vantagens que virão da guerra.

A guerra difere do emprego da força pela polícia devido ao fato de que as ações da polícia são comandadas por uma autoridade neutra, ao passo que, na guerra, são as partes envolvidas na disputa que põem a força em movimento. Essa distinção não é absoluta, pois o Estado nem sempre é inteiramente neutro nas perturbações internas. Quando se abre fogo contra os grevistas, o Estado está se colocando ao lado dos ricos. Quando opiniões contrárias ao Estado são punidas, o Estado é, obviamente, uma das partes da disputa. Da supressão da opinião individual à guerra civil, todas as gradações são possíveis. Mas, falando em termos gerais, a força empregada de acordo com leis previamente estabelecidas pela comunidade como um todo pode se distinguir da força empregada por uma comunidade contra uma outra em ocasiões nas quais a primeira comunidade é o único juiz. Eu me demorei sobre essa diferença porque não acho que o uso da força pela polícia possa ser completamente eliminado, e penso que o uso de uma força semelhante nas questões internacionais é a melhor esperança para a paz duradoura. Atualmente, as questões internacionais são reguladas pelo princípio de que uma nação não deve intervir, a menos que seus interesses estejam envolvidos: os costumes diplomáticos proíbem a intervenção pela mera manutenção da lei internacional. Os Estados Unidos podem protestar quando submarinos alemães naufragam cidadãos norte-americanos, mas não podem protestar quando cidadãos norte-americanos não estão envolvidos. Nas questões internas, o caso análogo seria se a polícia interviesse nos assassinatos somente quando um policial fosse morto. Enquanto esse princípio prevalecer nas relações entre os Estados, não se poderá empregar efetivamente a força dos neutros para prevenir a guerra.

Em todo país civilizado, duas forças cooperam para produzir a guerra. Em tempos normais, alguns homens, geralmente uma pequena parte da população, são belicosos: eles preveem a guerra e, é claro, não ficam infelizes com a perspectiva. Enquanto a guerra não é iminente, a maior parte da população dá pouca atenção a esses homens e não apoia nem se opõe a eles. Mas, quando a guerra começa a parecer muito próxima, uma febre de guerra toma conta das pessoas, e aqueles que já eram belicosos veem que recebem o apoio entusiasmado de todos, com exceção de uma minoria insignificante. Os impulsos que inspiram a febre de guerra são bem diferentes dos que tornam alguns homens belicosos em tempos normais. Somente os homens instruídos são suscetíveis à belicosidade em tempos normais, pois apenas eles têm vívido conhecimento sobre os outros países ou sobre o papel que sua própria nação pode desempenhar nas questões do mundo. Mas é apenas seu conhecimento, e não sua natureza, o que os distingue dos compatriotas mais ignorantes.

Tomemos o exemplo mais óbvio: a política alemã, nos anos anteriores à guerra, não era avessa à guerra e nem amistosa para com a Inglaterra. Vale tentar entender o estado de espírito do qual brotou essa política.

Para começar, os homens que dirigem a Alemanha são patriotas em um grau que é quase desconhecido na França e na Inglaterra. Os interesses da Alemanha lhe parecem, inquestionavelmente, os únicos interesses que precisam levar em conta. Os prejuízos que podem causar a outras nações ao perseguirem esses interesses, a destruição que pode ser imposta a populações e cidades, o dano irreparável que pode resultar para a civilização – não lhes toca considerar nada disso. Se eles podem obter o que consideram benéfico para a Alemanha, todo o resto perde importância.

O segundo ponto digno de nota a respeito da política alemã é que sua concepção de bem-estar nacional é essencialmente competitiva. O que os dirigentes da Alemanha consideram importante não é a riqueza *intrínseca* do país, seja material ou mental: é, sim, a riqueza *comparativa* na competição com outros países civilizados. Por esse motivo, a destruição de coisas boas no exterior lhes parece quase tão desejável quanto a criação de coisas boas na Alemanha. Na maior parte do mundo, os franceses são tidos como a nação mais civilizada: sua arte, sua literatura, seu modo de vida exercem atração sobre os estrangeiros, algo que a Alemanha não desperta. Os ingleses desenvolveram a liberdade política e a arte de manter um império com um mínimo de coerção, de uma maneira para a qual a Alemanha, até agora, não demonstrou qualquer aptidão. Esses são motivos para a inveja, e a inveja quer destruir o que é bom nos outros países. Os militaristas germânicos julgaram, não sem razão, que uma grande guerra provavelmente destruiria o que de melhor houvesse na França e na Inglaterra, mesmo que tais países não fossem derrotados no fim do combate. Vi uma lista de jovens escritores franceses mortos em campo de batalha; é provável que as autoridades alemãs também a tenham visto e tenham pensado, satisfeitas, que mais um ano de perdas destruirá a literatura francesa por uma geração – e, devido à quebra na tradição, talvez para sempre. Cada explosão contra a liberdade em nossos jornais mais belicosos, cada incitamento à perseguição de alemães indefesos, cada sinal de crescente ferocidade em nossa atitude deve ser lido com deleite pelos patriotas alemães, como prova de seu êxito em nos roubar o que temos de melhor e nos forçar a imitar o que há de pior na Prússia.

Mas o que os governantes da Alemanha mais invejam em nós é poder e riqueza – poder que provém do comando dos mares e dos estreitos, riqueza que provém de um século de supremacia industrial. Em ambos os aspectos, eles sentem que seus méritos são maiores que os nossos. Eles dedicaram muito mais atenção e habilidade à organização militar e industrial. Sua inteligência e conhecimento médios são muito superiores; sua capacidade de perseguir com unidade e previsão um fim alcançável é infinitamente maior. Mesmo assim, nós, só porque tivemos vantagem na largada da corrida (assim eles pensam), conseguimos um império muito mais vasto que o deles e um controle de capital muito maior. Tudo isso é insuportável. E só uma grande guerra pode alterar essa situação.

Além de todos esses sentimentos, há em muitos alemães, especialmente naqueles que nos conhecem melhor, um furioso ódio contra nós, por causa do nosso orgulho. Farinata degli Uberti olhou para o inferno *"come avesse lo Inferno in gran dispitto"* [como se pelo Inferno tivesse grande desprezo]. É assim, segundo dizem os alemães, que os oficiais ingleses prisioneiros olham ao redor, por entre seus captores: com um ar superior, distante, como se os inimigos fossem criaturas imundas, sapos ou lesmas ou centopeias, em que o homem só toca sem querer e logo sacode para longe quando é obrigado a tocá-las por um segundo. É fácil imaginar como os demônios odiavam Farinata e lhe infligiram penas maiores do que as impostas a seus companheiros, na esperança de lhe arrancar um sinal de reconhecimento no mais breve tremor de sua parte, furiosos por sua insistência em se comportar como se eles não existissem. Exatamente da mesma forma, os alemães se enfurecem com nossa impassibilidade espiritual. No fundo, olhamos para os alemães como quem olha para moscas em um dia de calor: são um aborrecimento, é preciso enxotá-las para longe, mas ninguém se ocuparia em ficar realmente perturbado por elas. Quando, por um tempo, a certeza inicial da vitória se viu enfraquecida, começamos a nos incomodar com alemães. Se tivéssemos continuado a fracassar em nossas iniciativas militares, teríamos compreendido, a tempo, que eles são seres humanos, e não apenas uma circunstância fastidiosa. E, então, talvez os tivéssemos odiado com um ódio que eles não teriam razões para ressentir. E, então, seria uma curta distância de tal ódio para um genuíno *rapprochement*.[1]

O problema que precisa ser resolvido, se quisermos que o futuro do mundo seja menos terrível que o presente, é o de evitar que as nações tomem o ânimo da Inglaterra e da Alemanha

---

1 Reconciliação. (N.T.)

no início da guerra. Essas duas nações, como se mostravam naquele momento, poderiam ser tidas como representações quase míticas do orgulho e da inveja – orgulho frio e inveja ardente. A Alemanha proclamava com paixão: "Você, Inglaterra, presunçosa e decrépita, você faz sombra para meu crescimento integral – seus galhos podres não deixam o sol cair sobre mim, não deixam a chuva me alimentar. Sua folhagem, que se espalha demais, deve ser podada, sua beleza simétrica, destruída, para que também eu possa ter liberdade para crescer, para que meu vigor jovem não seja mais contido por sua massa decadente". A Inglaterra, entediada e distante, desatenta às queixas das forças externas, tentou, distraída, acabar com o arrivista que lhe perturbava a meditação. Mas o arrivista não foi arrasado e continua, até agora, com boa perspectiva de fazer valer suas reclamações. Tanto as reclamações quanto a resistência a elas são igualmente insensatas. A Alemanha não tinha motivos válidos para sua inveja; nós não tínhamos motivos válidos para recusar qualquer demanda alemã que fosse compatível com a continuidade de nossa existência. Existe um método para impedir essa insensatez recíproca no futuro?

Creio que, se ingleses ou alemães fossem capazes de pensar em termos de bem-estar individual ao invés de orgulho nacional, teriam visto que, em qualquer momento da guerra, a conduta mais sensata seria firmar um acordo de paz de uma vez, nos melhores termos que se pudessem obter. Estou convencido de que essa conduta seria a mais sensata para cada uma das nações, bem como para a civilização em geral. O pior dos males que o inimigo poderia infligir por meio de uma paz desfavorável seria uma ninharia se comparado ao mal que todas as nações infligem a si mesmas ao continuar o combate. É o orgulho o que nos cega diante desse fato óbvio, o orgulho que torna o reconhecimento da derrota intolerável e que se veste com os trajes da razão para sugerir que a aceitação da derrota resultaria em toda sorte de males. Mas o único mal verdadeiro da derrota é a humilhação, e a humilhação é subjetiva; não devemos nos sentir humilhados se nos convencermos de que foi um erro nos engajar na guerra e de que é melhor nos dedicarmos a outras tarefas que não dependam da dominação mundial. Se ingleses ou alemães conseguissem admitir essas coisas em seu íntimo, toda paz que não destruísse a independência nacional poderia ser aceita sem qualquer perda real para o autorrespeito, essencial para uma vida boa.

O ânimo com que a Alemanha embarcou na guerra era abominável, mas era um ânimo fomentado pelo estado de espírito habitual da Inglaterra. Nós nos orgulhamos de nosso território e de nossa riqueza; sempre estivemos prontos para defender com a força das armas o que conquistamos na Índia e na África. Se tivéssemos nos dado conta da futilidade do império e demonstrado disposição em ceder as colônias à Alemanha, sem esperar pela ameaça da força, talvez estivéssemos em posição de convencer os alemães de que suas ambições eram tolas e de que não se ganha o respeito do mundo com uma política imperialista. Mas, com nossa resistência, demonstramos que compartilhávamos de seus preceitos. Tendo a posse, ficamos enamorados pelo *status quo*. Os alemães queriam fazer a Guerra para alterar o *status quo*; nós queríamos fazer a guerra para impedir que este fosse alterado em favor da Alemanha. Estávamos tão convencidos da sacralidade do *status quo* que jamais compreendemos como era vantajoso para nós, nem como compartilhávamos a responsabilidade pela guerra ao insistirmos sobre ele. Em um mundo onde as nações crescem e declinam, onde as forças se alteram e as populações são oprimidas, não é possível nem desejável manter o *status quo* eternamente. Para se preservar a paz, as nações precisam aprender a aceitar alterações desfavoráveis no mapa, sem sentir que, primeiro, devem ser derrotadas em guerra ou que, ao fazer concessões, estão incorrendo em humilhação.

Foi a insistência de legalistas e amigos da paz na manutenção do *status quo* que levou a Alemanha ao militarismo. A Alemanha tem tanto direito a um império quanto qualquer outra grande potência, mas só poderia conseguir um império por meio da guerra. O amor à paz vem muito associado a uma concepção estática das relações internacionais. Todos sabemos que, nas disputas econômicas, tudo o que é vigoroso nas classes assalariadas se opõe à "paz industrial", porque a distribuição de riqueza vigente é considerada injusta. Aqueles que gozam de posição privilegiada fazem o possível para reforçar suas reivindicações apelando ao desejo de paz e vituperando os que promovem a luta entre as classes. Jamais ocorre aos capitalistas que, ao se oporem às mudanças sem ponderar se são justas ou não, compartilham da responsabilidade pela guerra de classes. E exatamente da mesma forma a Inglaterra compartilha da responsabilidade pela guerra da Alemanha. Se esta guerra um dia terminar, deverão existir métodos políticos de alcançar os resultados que agora só podem ser alcançados pelo sucesso na batalha, e as nações terão de aceitar, voluntariamente, as reivindicações adversas que parecerem justas ao julgamento dos neutros.

É apenas com tal aceitação, corporificada em um parlamento das nações com plenos poderes para alterar a distribuição de territórios, que o militarismo poderá ser permanentemente superado. Pode ser que a guerra atual traga às nações ocidentais uma mudança suficiente em seu estado de espírito e perspectiva para tornar possível tal instituição. Pode ser que mais guerras e mais destruição sejam necessárias antes que a maioria dos homens civilizados se rebele contra a brutalidade e a inútil destruição da guerra moderna. Mas, a menos que nossos padrões de civilização e nossos poderes de pensamento construtivo sejam permanentemente rebaixados, não posso duvidar de que, cedo ou tarde, a razão irá subjugar os impulsos cegos que hoje levam as nações à guerra. E, se uma ampla maioria das grandes potências tivesse a firme determinação de que a paz devesse ser preservada, não haveria dificuldade em se conceber um mecanismo diplomático para a solução de disputas, nem em estabelecer um sistema educacional que viesse implantar nas mentes dos jovens um horror inextirpável à carnificina que eles hoje são ensinados a admirar.

Além das forças conscientes e deliberadas que levam à guerra, há também os sentimentos inarticulados dos homens comuns, os quais, na maioria dos países civilizados, estão sempre prontos para arder em febre de guerra a mando dos estadistas. Para assegurar a paz, a prontidão para se contagiar com a febre da guerra precisa ser, de algum modo, diminuída. Quem quiser ter sucesso nessa tarefa precisa, primeiro, entender o que é a febre da guerra e por que ela surge.

Os homens que, para o bem ou para o mal, têm considerável influência no mundo são, por via de regra, dominados por um tríplice desejo: em primeiro lugar, desejam uma atividade que ponha totalmente em jogo as competências nas quais eles acham que se destacam; desejam, em segundo lugar, a sensação de superar resistências com êxito; e desejam, em terceiro lugar, o respeito dos outros em relação a seu êxito. O terceiro desses desejos às vezes fica ausente: alguns homens que foram grandes o foram sem essa "última fraqueza" e o foram contentes com o próprio sentimento de êxito, ou simplesmente com a satisfação do esforço difícil. Mas, em geral, todos os três estão presentes. Alguns homens possuem talentos especializados, então sua escolha de atividades fica circunscrita pela natureza de suas competências; outros homens possuem, na juventude, uma gama tão ampla de aptidões que sua escolha se determina, sobretudo, pelos vários graus de respeito que a opinião pública presta a diferentes tipos de êxitos.

Os mesmos desejos, normalmente em escala menos acentuada, existem nos homens que não têm qualquer talento excepcional. Mas tais homens não conseguem alcançar nada muito difícil por esforços individuais; não lhes é possível, enquanto unidades, adquirir a sensação de grandeza ou o triunfo de superar grandes obstáculos. Separadas, suas vidas são rotineiras e aborrecidas. Pela manhã, eles vão para o escritório ou para o campo. Pela tarde, eles voltam, cansados e silenciosos, à sóbria monotonia da mulher e dos filhos. Acreditando que a segurança é o bem supremo, eles se asseguraram contra a doença e a morte e encontraram um emprego em que têm pouco medo de demissão e nenhuma esperança de qualquer grande progresso. Mas a segurança, uma vez conseguida, traz uma Nêmesis de *ennui*, de tédio. A aventura, a imaginação, o risco também fazem suas reclamações; mas como essas reclamações podem ser atendidas por um assalariado comum? Mesmo que fosse possível atendê-las, as reclamações da mulher e dos filhos têm prioridade e não devem ser negligenciadas.

Essa vítima da ordem e da boa organização percebe, em algum momento de crise súbita, que pertence a uma nação, que sua nação pode assumir riscos, pode se engajar em empreitadas difíceis, desfrutar da paixão ardente de um combate incerto, estimular a aventura e a imaginação por meio de expedições militares ao Monte Sinai e ao Jardim do Éden. Em certo sentido, o que sua nação faz, ele faz; o que sua nação sofre, ele sofre. Os longos anos de cautela pessoal são vingados por um mergulho alucinado na loucura pública. Todos os terríveis deveres de parcimônia, ordem e cuidado que ele aprendera a cumprir em sua vida pessoal não se consideram aplicáveis aos assuntos públicos: é nobre e patriótico ser temerário pela nação, embora seja perversidade ser temerário por si mesmo. As velhas paixões primitivas, renegadas pela civilização, ressurgem ainda mais fortes, por causa da repressão. Num átimo, a imaginação e o instinto viajam de volta através dos séculos, e o homem selvagem das florestas emerge da prisão mental a que fora confinado. Essa é a parte mais profunda da psicologia da febre da guerra.

Mas, além do elemento irracional e instintivo na febre da guerra, sempre existe, ainda que apenas como liberador do impulso primitivo, certa quantidade de cálculo quase racional, chamado, eufemisticamente, de "pensamento". É muito raro a febre da guerra dominar uma nação se esta não acreditar que será vitoriosa. Sem dúvida, sob a influência do entusiasmo, os homens exageram na estimativa de seu êxito; mas há *alguma* proporção entre o que se espera e o que um homem racional esperaria. A Holanda, embora seja tão humana quanto a Inglaterra, não teve o impulso de ir à guerra em nome da Bélgica, porque a probabilidade de desastre era obviamente esmagadora. Se soubesse como a guerra iria se desenrolar, o povo de Londres não teria se alegrado tanto naquele já longínquo feriado bancário de agosto. Uma nação que passou por uma experiência recente de guerra – e veio a saber que a guerra é quase sempre mais dolorosa do que se esperava em seu início – fica muito menos suscetível à febre da guerra, até que uma nova geração cresça. O elemento de racionalidade na febre da guerra é reconhecido por governos e jornalistas que desejam a guerra, o que se verifica no fato de sempre minimizarem os perigos da guerra que querem provocar. No início da Guerra Sul-Africana, sir William Butler foi demitido, aparentemente por sugerir que 60 mil homens e três meses poderiam não ser suficientes para subjugar as repúblicas bôeres. E, quando a guerra se provou longa e difícil, a nação se voltou contra aqueles que a haviam promovido. Sem atribuir um papel muito grande à razão nos assuntos humanos, podemos presumir, creio eu, que uma nação não sofreria de febre da guerra caso todos os homens sãos conseguissem ver que a derrota seria muito provável.

A importância disso reside no fato de que a guerra de agressão seria muito improvável se suas chances de êxito fossem muito pequenas. Se as nações amantes da paz fossem fortes o bastante para serem nitidamente capazes de derrotar as nações que quisessem empreender a guerra de agressão, as nações amantes da paz poderiam formar uma aliança e concordar em lutar juntas contra qualquer nação que se recusasse a submeter suas reivindicações a um conselho internacional. Antes da guerra atual, talvez pudéssemos, com razão, ter a esperança de assegurar a paz mundial de um jeito semelhante; mas o poderio militar da Alemanha demonstrou que tal esquema não tem grande chance de sucesso atualmente. Talvez venha a ser viável em um futuro não muito distante, por conta dos desenvolvimentos da política nos Estados Unidos.

As forças políticas e econômicas que conduzem à guerra poderiam ser facilmente contidas se a vontade de paz fosse forte em todas as nações civilizadas. Mas, enquanto as populações forem suscetíveis à febre da guerra, todo trabalho em prol da paz será precário. E se a febre da guerra não fosse incitada, as forças políticas e econômicas ficariam impotentes para produzir uma guerra longa ou muito destrutiva. O problema fundamental do pacifista é prevenir o impulso à guerra que, de tempos em tempos, toma conta de comunidades inteiras. E isso só pode ser feito com profundas mudanças na educação, na estrutura econômica da sociedade e no código moral pelo qual a opinião pública controla as vidas de homens e mulheres.[2]

Muitos dos impulsos que agora levam as nações à guerra são, em si mesmos, essenciais a qualquer vida vigorosa e progressiva. Sem imaginação e amor à aventura, uma sociedade logo fica estagnada e começa a declinar. O conflito, desde que não seja destrutivo nem brutal, é necessário para estimular as atividades dos homens e para assegurar a vitória do que está vivo sobre aquilo que é morto ou simplesmente tradicional. O desejo de triunfo de uma causa, o sentimento de solidariedade a grandes associações de homens não são coisas que um sábio vá querer destruir. O mal é apenas o que resulta em morte,

---

2 Essas mudanças, desejáveis em si mesmas, e não apenas para prevenir a guerra, serão discutidas nas próximas conferências.

destruição e ódio. O problema é conservar esses impulsos sem fazer da guerra seu canal de manifestação.

Todas as utopias construídas até hoje são intoleravelmente enfadonhas. Qualquer homem que tenha alguma força dentro de si preferirá viver neste mundo, com todos os seus horrores pavorosos, a viver na República de Platão ou entre os Houyhnhnms de Swift. Os homens que criam utopias partem de uma premissa radicalmente falsa sobre o que constitui uma vida boa. Concebem que é possível imaginar certo estado de sociedade e certo modo de vida que seriam, de uma vez por todas, reconhecidos como bons e, portanto, continuados para todo o sempre. Eles não percebem que grande parte da felicidade de um homem depende da atividade e só uma pequena parte remanescente consiste no contentamento passivo. E mesmo os prazeres que consistem em contentamento só são satisfatórios, pelo menos à maioria dos homens, quando vêm em intervalos de atividade. Os reformadores sociais, tais como os inventores de utopias, costumam esquecer esse fato bastante óbvio da natureza humana. Procuram antes assegurar mais lazer e mais oportunidades de desfrutá-lo do que fazer que o próprio trabalho seja mais satisfatório, mais afeito aos impulsos e melhor canal de manifestação para a criatividade e o desejo de empregar as aptidões pessoais. No mundo moderno, o trabalho, para quase todos os que dependem de salário, é apenas trabalho, e não uma corporificação do desejo por atividade. Provavelmente isso é inevitável, em grande medida. Mas, até onde se puder prevenir, algo precisa ser feito para fornecer uma saída pacífica a alguns dos impulsos que levam à guerra.

É claro que seria fácil produzir a paz se no mundo não existisse vigor. O Império Romano foi pacífico e improdutivo; a

Atenas de Péricles foi a comunidade mais produtiva e quase a mais belicosa da história. A única forma de produção na qual nossa época se destaca é a ciência, e, na ciência, a Alemanha, a mais belicosa das grandes potências, é suprema. É inútil multiplicar os exemplos; mas está claro que exatamente a mesma energia vital que produz tudo o que há de melhor também produz a guerra e o amor à guerra. Esse é o fundamento da oposição ao pacifismo sentida por muitos homens cujos fins e atividades não são, de forma alguma, brutais. Na prática, o pacifismo exprime com bastante frequência apenas a falta de força, não a recusa em usar a força contra os outros. Para ser, a um só tempo, vitorioso e benevolente, o pacifismo precisa encontrar um canal de manifestação, compatível com o sentimento humano, para o vigor que hoje leva as nações à guerra e à destruição.

William James examinou essa questão em uma admirável comunicação sobre "The Moral Equivalent of War" [O equivalente moral da guerra], proferida em um congresso de pacifistas durante a Guerra Hispano-Americana de 1898. Não se poderiam aperfeiçoar suas considerações sobre o problema; e, até onde sei, ele é o único escritor que encarou o assunto de forma adequada. Mas sua solução não é conveniente; talvez nem seja possível uma solução conveniente. O problema, no entanto, é de grau: todo e qualquer canal pacífico para as energias dos homens diminue a força que impele as nações à guerra e torna a guerra menos frequente e menos feroz. E, como se trata de uma questão de grau, há soluções mais ou menos parciais.[3]

---

3 O que se diz sobre esse assunto nesta conferência é apenas preliminar, pois todas as que se seguem lidarão com algum aspecto do mesmo problema.

Todo homem vigoroso precisa de algum tipo de competição, de alguma sensação de resistência vencida, para sentir que está exercitando suas aptidões. Sob a influência dos economistas, desenvolveu-se a teoria de que é riqueza o que os homens querem; essa teoria tem se provado verdadeira porque as ações das pessoas muitas vezes são determinadas pelo que elas acham que desejam e não pelo que elas desejam de verdade. Os membros menos ativos de uma comunidade frequentemente desejam mesmo a riqueza, pois esta lhes permite sentir um gosto de contentamento passivo e também lhes assegura respeito sem esforço. Mas os homens enérgicos que fazem grandes fortunas raramente desejam dinheiro de verdade: o que desejam é a sensação de força em uma competição e a alegria da atividade bem-sucedida. Por esse motivo, aqueles que são mais implacáveis em fazer dinheiro são muitas vezes os mais propensos a dá-lo; há muitos exemplos bem conhecidos entre os milionários norte-americanos. O único elemento de verdade na teoria econômica que diz que esses homens são movidos pelo desejo de dinheiro é este: devido ao fato de que o dinheiro é tido como desejável, o ganhar dinheiro é reconhecido como uma prova de sucesso. O que se deseja é sucesso visível e indubitável; mas isso só pode ser alcançado quando se é um dos poucos que atingem a meta buscada por muitos. Por esse motivo, a opinião pública exerce grande influência sobre a orientação das atividades dos homens vigorosos. Nos Estados Unidos, um milionário é mais respeitado do que um grande artista; isso leva homens que poderiam ser outra coisa a preferirem virar milionários. Na Itália renascentista, os grandes artistas eram mais respeitados do que os milionários, e o resultado foi o oposto do que ocorre nos Estados Unidos.

Alguns pacifistas e todos os militaristas desaprovam os conflitos sociais e políticos. Nisso os militaristas estão certos, a partir de seu ponto de vista; mas os pacifistas me parecem equivocados. Conflitos entre partidos políticos, conflitos entre capital e trabalho e, de modo geral, todos aqueles conflitos entre princípios que não envolvem a guerra servem a muitos propósitos úteis e fazem pouquíssimo mal. Aumentam o interesse dos homens nas coisas públicas, fornecem um canal relativamente inocente para o amor à competição e ajudam a alterar leis e instituições quando as condições mudam ou o maior conhecimento cria uma vontade de alteração. Tudo o que intensifica a vida política tende a produzir um interesse pacífico do mesmo tipo daquele que leva ao desejo pela guerra. E, em uma comunidade democrática, as questões políticas dão a cada votante uma sensação de iniciativa, poder e responsabilidade que lhe alivia um pouco a vida de rotina enfadonha. O objetivo do pacifista deveria ser o de dar aos homens cada vez mais controle político sobre suas próprias vidas e, em especial, introduzir a democracia no gerenciamento da indústria, como aconselham os sindicalistas.

Para o pacifista dado a reflexões, o problema é duplo: como manter seu próprio país em paz e como preservar a paz do mundo. Será impossível preservar a paz mundial enquanto as nações forem suscetíveis ao ânimo com o qual a Alemanha entrou na guerra — a menos que, de fato, uma nação fosse tão evidentemente mais forte do que todas as outras juntas, a ponto de tornar a guerra desnecessária para ela e desesperançada para todas as outras. Como esta guerra vem se arrastando em uma penosa duração, muitas pessoas devem estar se perguntando se a independência nacional vale o preço que por ela tem de ser pago. Será que não seria melhor assegurar a paz universal pela supremacia de uma potência? "Assegurar a paz por meio de uma federação mundial" – talvez houvesse argumentado um pacifista submisso durante os dois primeiros anos da guerra – "exigiria uns mínimos lampejos de razão nos governantes e nos povos e, portanto, está fora de questão. Mas assegurar a paz permitindo que a Alemanha imponha suas condições à Europa seria fácil. Como não há outro jeito de terminar a guerra" – talvez alegasse nosso advogado da paz a qualquer custo – "adotemos esse caminho, que nesse momento está aberto para nós." Vale ponderar sobre essa perspectiva com mais atenção do que se costuma fazer.

Existe apenas um grande exemplo histórico de paz duradoura assegurada dessa forma: estou me referindo ao Império Romano. Na Inglaterra, nós nos vangloriamos da *Pax Britannica* que impusemos, dessa forma, às raças e religiões hostis da Índia. Se estamos certos ao nos vangloriar disso, se de fato conferimos algum benefício à Índia com essa paz forçada, os alemães estariam certos em se vangloriar se conseguissem impor uma *pax Germanica* à Europa. Antes da guerra, as pessoas podiam dizer que a Índia e a Europa não eram análogas, porque a Índia é menos civilizada que a Europa; mas agora, espero eu, ninguém teria a audácia de sustentar tal absurdo. Nos tempos modernos, tem surgido seguidas vezes a oportunidade de se realizar a unidade europeia sob a hegemonia de um só Estado; mas a Inglaterra, em obediência à doutrina do Equilíbrio de Forças, sempre evitou essa realização e preservou o que nossos estadistas vêm chamando de "liberdades da Europa". É nessa tarefa que agora estamos engajados. Mas não creio que nossos estadistas, ou qualquer um entre nós, tenham se esforçado muito para ponderar se a tarefa vale o quanto custa.

Estivemos claramente errados em um caso: em nossa resistência à França revolucionária. Se a França revolucionária houvesse conquistado o continente e a Grã-Bretanha, o mundo agora seria mais feliz, mais civilizado e mais livre, além de mais pacífico. Mas a França revolucionária foi um caso bastante excepcional, pois suas primeiras conquistas se fizeram em nome da liberdade, contra os tiranos, e não contra os povos, e por toda parte os exércitos franceses foram bem-vindos como libertadores por todos, exceto pelos governantes e pelos intolerantes. No caso de Filipe II, estivemos tão claramente certos quanto antes estivéramos errados em 1793. Mas, em ambos os casos, nossa ação não deve ser julgada por alguma concepção diplomática abstrata das "liberdades da Europa", mas sim pelos ideais da potência que buscava hegemonia e pelos prováveis efeitos sobre o bem-estar dos homens e mulheres comuns de toda a Europa.

"Hegemonia" é um termo muito vago, e tudo depende do grau de interferência na liberdade que ela implica. Há um grau de interferência com a liberdade que é fatal para muitas formas de vida nacional. Por exemplo: nos séculos XVII e XVIII, a Itália foi esmagada pela supremacia da Espanha e da Áustria. Se os alemães fossem mesmo anexar províncias francesas, como fizeram em 1871, provavelmente infligiriam sérios prejuízos a essas províncias, tornando-as menos fecundas para a civilização como um todo. Por tais motivos, a liberdade nacional é assunto de verdadeira importância, e é provável que uma Europa efetivamente governada pela Alemanha viesse a ficar um tanto inerte e improdutiva. Mas se "hegemonia" significar apenas maior peso nas questões diplomáticas, mais postos de reabastecimento de carvão e possessões na África, mais poder para garantir tratados comerciais vantajosos, então dificilmente se poderá supor que causaria qualquer dano vital às outras nações; certamente não causaria tantos danos quanto vem causando esta guerra. Não duvido que, antes da guerra, uma hegemonia desse tipo teria deixado os alemães bastante satisfeitos. Mas o efeito da guerra, até aqui, tem sido aumentar imensuravelmente todos os perigos que tinha a intenção de evitar. Agora só temos uma escolha: certa exaustão da Europa na luta contra a Alemanha ou possíveis danos à vida nacional da França, causados pela tirania alemã. Falando em termos de civilização e bem-estar humano, e não em termos de prestígio nacional, agora essa é, de fato, a questão.

Presumindo que a guerra não vá se encerrar com um Estado conquistando todos os outros, o único modo pelo qual pode ser permanentemente encerrada é com uma federação mundial. Enquanto houver tantos Estados soberanos, cada um com seu próprio Exército, não se poderá ter certeza de que não haverá guerra. Será preciso haver no mundo somente um Exército e uma Marinha antes que haja qualquer razão para pensar que as guerras estão extintas. Isso significa que, no que tange às funções militares, deverá existir apenas um Estado, o qual será mundial.

As funções civis do Estado – legislativa, administrativa e judicial – não têm qualquer conexão essencial com as funções militares, e não há nenhuma razão pela qual ambos os tipos de funções devam normalmente ser exercidas pelo mesmo Estado. O que há, de fato, são inúmeros motivos pelos quais o Estado civil e o Estado militar devam ser diferentes. Os maiores Estados modernos já são grandes demais para grande parte dos propósitos civis; mas, para os propósitos militares, não são grandes o suficiente, uma vez que não são mundiais. Essa diferença em relação ao tamanho desejável para os dois tipos de Estado introduz certa perplexidade e hesitação quando não se percebe que as duas funções têm pouca conexão necessária: um conjunto de considerações aponta para Estados pequenos; outro, para Estados cada vez maiores. É claro que, se houvesse um Exército e uma Marinha internacionais, haveria também uma autoridade internacional para colocá-los em ação. Mas essa autoridade jamais precisaria se preocupar com quaisquer assuntos internos dos Estados nacionais: precisaria apenas proclamar as regras que deveriam regular suas relações e se pronunciar judicialmente quando essas regras fossem infringidas a ponto de reclamar a intervenção da força internacional. Vários exemplos atuais podem demonstrar como seria fácil fixar os limites da autoridade internacional.

Na prática, o Estado civil e o militar são quase sempre diferentes, sob muitos aspectos. As repúblicas sul-americanas são soberanas sob todos os aspectos, a não ser em suas relações com a Europa, nas quais estão sujeitas aos Estados Unidos: nas transações com a Europa, o Exército e a Marinha dos Estados Unidos são seu Exército e sua Marinha. Nossos domínios autônomos não dependem de suas próprias forças para sua defesa, mas sim de nossa Marinha. Hoje em dia, a maior parte dos governos não visa à anexação formal de um país que quer incorporar, mas apenas a um protetorado, ou seja, a uma autonomia civil sujeita ao controle militar. É claro que, na prática, tal autonomia é incompleta, pois não permite ao país "protegido" adotar medidas que sejam vetadas pela potência dona do controle militar. Mas pode ser bastante completa, como no caso de nossos domínios autônomos. No outro extremo, pode ser uma mera farsa, como no Egito. No caso de uma aliança, existe uma autonomia completa por parte dos diferentes países aliados, junto com o que é, na prática, uma associação de suas forças militares em uma única força.

A grande vantagem de um grande Estado militar é aumentar a área dentro da qual a guerra interna não é possível, a não ser por revolução. Se Inglaterra e Canadá entram em desacordo, é tido como natural que se chegue a uma solução por meio da conversa, e não da força. Mais ainda, esse será o caso se Manchester e Liverpool tiverem uma desavença, a despeito do fato de serem autônomas sob muitos aspectos locais. Ninguém acharia razoável se Liverpool fosse à guerra para impedir a construção do canal marítimo de Manchester, embora quase todas as grandes potências já tenham ido à guerra por uma questão de semelhante importância. Inglaterra e Rússia provavelmente teriam ido à guerra por causa da Pérsia se não fossem aliadas; como eram, chegaram, por meio da diplomacia, a um resultado iníquo muito semelhante ao que teriam chegado por meio da luta armada. Austrália e Japão provavelmente teriam guerreado se fossem ambos completamente independentes; mas ambos dependem da Marinha Britânica para garantir suas liberdades, e então tiveram de acertar suas diferenças por meios pacíficos.

A principal desvantagem de um Estado militar extenso é afetar uma área maior quando ocorre uma guerra externa. A quádrupla Entente forma, nesse momento, um único Estado militar; o resultado é que, por causa de uma disputa entre Áustria e Sérvia, a Bélgica está devastada e australianos são mortos em Dardanelos. Outra desvantagem é facilitar a opressão. Um Estado militar extenso é praticamente onipotente contra um Estado pequeno e pode lhe impor sua vontade, como Inglaterra e Rússia fizeram na Pérsia e como a Áustria-Hungria tem feito na Sérvia. É impossível ter certeza de evitar a opressão por meio de quaisquer garantias puramente mecânicas; apenas um espírito liberal e humano pode oferecer proteção de verdade. Vem sendo perfeitamente possível à Inglaterra oprimir a Irlanda, a despeito da democracia e da presença de membros irlandeses em Westminster. A presença de poloneses no Reichstag tampouco impediu a opressão da Polônia prussiana. Mas, sem dúvida, democracia e governo representativo tornam a opressão menos provável: fornecem meios pelos quais aqueles que são oprimidos podem tornar públicos seus anseios e queixas; garantem que apenas uma minoria possa ser oprimida, e somente se uma maioria quase unânime quiser oprimi-la. Além disso, a prática da opressão oferece muito mais prazer às classes governantes, que realmente a executam, do que à massa da população. Por esse motivo, a massa da população, nos lugares onde detém o poder, tende a ser menos tirânica que uma oligarquia ou uma burocracia.

Para prevenir a guerra e, ao mesmo tempo, preservar a liberdade, seria necessário que existisse somente um Estado militar no mundo e que este agisse de acordo com a decisão de uma autoridade central quando surgissem disputas entre diferentes países. Esse seria o resultado natural de uma federação do mundo, se algo assim um dia viesse a existir. Mas tal perspectiva é remota, e vale examinar por que é tão remota.

A unidade de uma nação se produz por hábitos similares, gostar instintivo, uma história em comum e um orgulho em comum. A unidade de uma nação se deve, em parte, às afinidades intrínsecas entre seus cidadãos, mas, em outra parte, também à pressão e ao contraste do mundo exterior: se uma nação vivesse isolada, não teria a mesma coesão, nem o mesmo fervor patriótico. Quando fazemos alianças com outras nações, a solidariedade raramente é produzida por alguma coisa além da pressão exterior. Em certa medida, a Inglaterra e os Estados Unidos estão juntos pelas mesmas causas que muitas vezes constroem a unidade nacional: uma língua (mais ou menos) comum, instituições políticas semelhantes, objetivos semelhantes na política internacional. Mas Inglaterra, França e Rússia estão juntas somente pelo temor à Alemanha. Se a Alemanha fosse aniquilada por um cataclismo natural, elas imediatamente começariam a odiar umas às outras, como o faziam antes de a Alemanha ser poderosa. Por esse motivo, a possibilidade de cooperação nessa aliança contra a Alemanha não fornece nenhum fundamento para se ter a esperança de que todas as nações do mundo possam cooperar permanentemente em uma aliança pacífica. O atual motivo de coesão, a saber, o temor em comum, estaria acabado e não se poderia substituir por nenhum outro motivo, a menos que os pensamentos e propósitos dos homens fossem muito diferentes do que são agora.

O motivo primordial de que resulta a guerra não é econômico nem político e não se encontra em nenhuma dificuldade de inventar condições para acordos pacíficos nas disputas internacionais. O motivo primordial de que resulta a guerra é o fato de que uma grande proporção da humanidade tem um impulso ao conflito, e não à harmonia, e só pode ser levada a cooperar com os outros quando resiste ou ataca um inimigo comum. Isso se dá tanto na vida privada quanto nas relações entre os Estados. Quando se sentem fortes o bastante, muitos homens se esforçam para serem temidos ao invés de amados; o desejo de obter opiniões positivas dos outros se restringe, por via de regra, àqueles que ainda não adquiriram poder efetivo. O impulso à contenda e à autoafirmação, o prazer de impor sua vontade a despeito das oposições, é inato na maioria dos homens. Mais do que qualquer outro motivo de interesse pessoal calculado, é esse impulso que produz a guerra e dificulta a realização de um Estado-Mundo. E esse impulso não se limita a uma só nação: ele existe em todas as nações vigorosas do mundo, em graus variados.

Muito embora esse impulso seja forte, não há razão para se permitir que leve à guerra. Era exatamente o mesmo impulso que levava ao duelo; mas hoje os homens civilizados resolvem suas disputas pessoais sem derramamento de sangue. Se as disputas políticas dentro de um Estado-Mundo substituíssem a guerra, a imaginação logo se acostumaria à nova situação, como se acostumou à ausência de duelos. Por influência de instituições e hábitos, sem nenhuma mudança fundamental na natureza humana, os homens aprenderiam a olhar para trás e ver a guerra como hoje vemos as fogueiras para os hereges ou o sacrifício humano às divindades pagãs. Se eu comprasse um revólver que custa muitas libras para matar meu amigo com o fito de lhe roubar uns trocados de seu bolso, não me considerariam nem muito esperto nem muito virtuoso. Mas se consigo 65 milhões de cúmplices nesse crime absurdo, me torno parte de uma nação grande e gloriosa, sacrificando nobremente o preço de meu revólver, quem sabe até de minha vida, para garantir uns trocados de honra para meu país. Se formos vitoriosos, os historiadores, que quase sempre são sicofantas, irão louvar a mim e a meus cúmplices e dizer que somos os dignos sucessores de heróis que derrubaram o poder da Roma Imperial. Mas, se meus oponentes saírem vitoriosos, se seus trocados forem defendidos à custa de muitas libras e das vidas de grande parte da população, então os historiadores irão me chamar de bandoleiro (o que sou) e louvar o espírito e o sacrifício pessoal daqueles que resistiram a mim.

A guerra está envolta em *glamour* – por causa da tradição, de Homero e do Velho Testamento, da educação infantil, dos sofisticados mitos a respeito da importância das questões envolvidas, do heroísmo e do sacrifício pessoal que esses mitos evocam. Jefté é uma figura heroica por ter sacrificado a filha, mas a teria deixado viver se não tivesse sido enganado por um mito. Mães são heroicas por mandarem seus filhos para o campo de batalha, mas estão tão iludidas quanto Jefté. E, em ambos os casos, o heroísmo que se expressa em crueldade seria dissipado se não houvesse certa tendência à barbárie no panorama imaginativo que dá origem aos mitos. Um Deus a quem se pode agradar com o sacrifício de uma garota inocente só poderia ser venerado por homens a quem não é totalmente repugnante a ideia de receber tal sacrifício. Uma nação que acredita que só pode garantir seu bem-estar se sofrer e infligir centenas de milhares de sacrifícios igualmente horríveis é uma nação que não tem uma concepção muito espiritual do que seja o bem-estar nacional. Seria cem vezes melhor renunciar ao conforto material, ao poder, à pompa e à glória exterior do que matar e ser morto, odiar e ser odiado, jogar fora, em um momento de fúria ensandecida, o fulgurante legado dos séculos. Aos poucos, fomos aprendendo a libertar nosso Deus da selvageria que Lhe atribuíram os padres e os primeiros israelitas: poucos de nós acreditam que seja Seu prazer torturar a maior parte da raça humana no fogo eterno do inferno. Mas ainda não aprendemos a libertar nossos ideais nacionais da antiga mácula. A devoção à nação talvez seja a religião mais profunda e disseminada de nossa era. Assim como as religiões antigas, ela reclama suas perseguições, seus holocaustos, suas sinistras crueldades heroicas; assim como aquelas, é nobre, primitiva, brutal e insana. Hoje, assim como no passado, a religião, atrasando as consciências pessoais com o peso da tradição, endurece o coração dos homens contra a bondade e suas mentes contra a verdade. Se quiserem salvar o mundo, os homens precisam aprender a ser nobres sem ser cruéis, a estarem cheios de fé e, ainda assim, abertos à verdade, a se inspirarem em propósitos grandiosos sem odiar aqueles que tentam impedi-los. Mas, antes que isso possa acontecer, os homens precisam, primeiro, encarar a terrível constatação de que os deuses diante dos quais se curvavam eram deuses falsos e de que os sacrifícios que fizeram foram em vão.

4.
A propriedade

Entre os muitos romancistas sombrios da escola realista, Gissing talvez seja o mais cheio de sombras. Assim como todos os seus personagens, ele vive sob o peso de uma grande opressão: o poder de um ídolo temível e, ainda assim, adorado, o dinheiro. Uma de suas histórias típicas é *Eve's Ransom* [O resgate de Eve], em que a heroína, por meio de vários subterfúgios desonrosos, abandona o homem pobre a que ama para se casar com um homem rico, cujos rendimentos ama ainda mais. Ao ver que os rendimentos do rico deram a ela vida mais completa e melhor reputação do que seu próprio amor poderia lhe dar, o pobre conclui que ela tomou a decisão correta e que ele merece ser punido por sua própria falta de dinheiro. Nessa história, assim como em seus outros livros, Gissing realçou, com muita acurácia, o domínio efetivo do dinheiro e a veneração impessoal que este exige da grande maioria da humanidade civilizada.

Os fatos expostos por Gissing são inegáveis, mas, mesmo assim, sua atitude revolta qualquer leitor que tenha paixões vitais e desejos dominantes. Sua veneração pelo dinheiro se liga a sua consciência de derrota interior. No mundo moderno em geral, foi a decadência da vida o que fomentou a religião dos bens materiais. E a religião dos bens materiais, por sua vez, apressou a decadência da vida, sobre a qual prospera. O homem que venera o dinheiro deixou de ter a esperança de ser feliz por seus próprios esforços ou em suas próprias atividades: ele encara a felicidade como uma satisfação passiva de prazeres que derivam do mundo exterior. O artista, ou o amante, não venera o dinheiro em seus momentos de ardor, porque seus desejos são específicos e direcionados para objetos que só ele pode criar. E, inversamente, o venerador de dinheiro jamais poderá alcançar a grandeza como um artista ou um amante.

O amor ao dinheiro vem sendo condenado por moralistas desde que o mundo começou. Não quero acrescentar mais uma às condenações morais já existentes, cuja eficácia não foi encorajadora no passado. Quero, sim, demonstrar como a veneração pelo dinheiro é tanto efeito quanto causa da diminuição da vitalidade e como nossas instituições podem ser modificadas para que a veneração pelo dinheiro cresça menos e a vitalidade geral cresça mais. A questão aqui não é o desejo por dinheiro enquanto meio para alcançar determinados fins. Um artista esforçado pode desejar dinheiro para ter tempo livre para sua arte, mas esse desejo é finito e pode ser inteiramente satisfeito por uma quantia bem modesta. É a *veneração* pelo dinheiro que quero examinar: a crença de que todos os valores podem ser mensurados em termos de dinheiro e de que o dinheiro é a prova definitiva de sucesso na vida. Essa crença é seguida – em ato, quando não declaradamente – por multidões de homens e mulheres, mas, mesmo assim, não está em harmonia com a natureza humana, pois ignora as necessidades vitais e a tendência instintiva a um tipo de crescimento específico. Isso faz os homens tratarem como desimportantes aqueles desejos que vão contra a aquisição de dinheiro, mas, ainda assim, tais desejos são, por via de regra, mais importantes ao bem-estar que qualquer acréscimo de rendimentos. Isso leva os homens a mutilar sua própria natureza, partindo de uma teoria equivocada sobre o que constitui sucesso, e a admirar empreendimentos que não acrescentam nada ao bem-estar humano. Além disso, estimula uma estéril uniformidade de caráter e de objetivo, uma diminuição na alegria de viver e uma tensão que deixa comunidades inteiras cansadas, desanimadas e desiludidas.

Os Estados Unidos, pioneiros do progresso ocidental, são tidos por muitos como a veneração do dinheiro em sua mais perfeita forma. Um norte-americano rico, que já tem mais dinheiro que o suficiente para satisfazer todas as exigências razoáveis, muitas vezes continua a trabalhar em seu escritório, com uma assiduidade que seria perdoável apenas se a alternativa fosse a morte por inanição.

Mas a Inglaterra, exceto uma pequena minoria, é quase tão dada à veneração pelo dinheiro quanto os Estados Unidos. Na Inglaterra, o amor ao dinheiro assume, como regra, a forma do desejo esnobe de manter um certo *status* social, mais do que a do empenho em aumentar indefinidamente os rendimentos. Os homens adiam o casamento até possuírem uma renda que lhes permita ter em sua casa tantos quartos e criados quanto sentem que sua dignidade requer. Isso os obriga a ficar vigilantes, ainda jovens, quanto às suas afeições, para não se deixarem levar por alguma imprudência: eles adquirem um hábito de pensamentos cautelosos e um temor de "se entregar", o que impossibilita a vida livre e vigorosa. Agindo assim, imaginam que estão sendo virtuosos, pois sentem que seria um sacrifício para uma mulher descer a uma posição social inferior a de seus pais e uma degradação para eles próprios casar com uma mulher cujo *status* não se iguala ao deles. As coisas da natureza não valem nada quando comparadas ao dinheiro. Não se considera sacrifício para uma mulher ter de aceitar, como única experiência de amor, as atenções prudentes e limitadas de um homem cuja capacidade de emoção se perdeu ao longo de anos de cuidadosas restrições ou relações sórdidas com mulheres que não respeita. A própria mulher não sabe que isso é um sacrifício: a ela também se ensinou prudência, por medo de descer na escala social, e, desde muito cedo, lhe foi incutido que sentimentos fortes não convêm a uma jovem. Então os dois se unem para passar pela vida ignorantes de tudo o que vale a pena conhecer. Seus ancestrais não se afastaram da paixão por medo das chamas do inferno, mas eles são eficazmente afastados por um temor muito pior, o temor de descer de posição no mundo.

Os mesmos motivos que levam os homens a se casarem tarde também os levam a limitar o tamanho de suas famílias. Os profissionais liberais querem mandar os filhos para uma *public school*, embora a educação que estes vão receber ali não seja melhor que em uma *grammar school*, e os colegas com quem vão se juntar sejam mais perversos. Mas o esnobismo determinou que as *public schools* são melhores, e de seu veredito não há como apelar. O que as faz melhores é o fato de serem mais caras. Essa mesma briga social, em várias formas, atravessa todas as classes, exceto a muito mais alta e a muito mais baixa.

Por esse motivo, homens e mulheres fazem grandes esforços morais e demonstram um impressionante poder de autocontrole; mas, como não são usados para nenhum fim criativo, todos os seus esforços e todo o seu autocontrole servem apenas para secar a fonte da vida dentro deles, para fazê-los fracos, apáticos e frívolos. Não é em um solo como esse que se poderá nutrir a paixão que produz gênios. As almas dos homens trocaram a selva pela sala de estar: ficaram apertadas, lindas e deformadas, como os pés das chinesas. Nem mesmo os horrores da guerra conseguem despertá-los do sonambulismo presunçoso da respeitabilidade. E foi principalmente a veneração pelo dinheiro o que provocou esse torpor mortal a tudo o que faz os homens serem grandiosos.

Na França, a veneração pelo dinheiro toma a forma da poupança. Não é fácil fazer fortuna na França, mas é muito comum herdar uma situação confortável, e, onde esta existe, o principal objetivo da vida é conservá-la intacta, quando não aumentada. O *rentier* francês é uma das grandes forças da política internacional: é por meio dele que a França tem se fortalecido na diplomacia e se enfraquecido na guerra, aumentando o suprimento de capital francês e diminuindo o suprimento de homens franceses. A necessidade de prover as filhas de um *dot*[1] e a subdivisão da propriedade pela lei da herança tornaram a família mais poderosa, como instituição, do que em qualquer outro país civilizado. Com o intuito de prosperar, a família se mantém pequena e os membros individuais muitas vezes se sacrificam por ela. O desejo de continuidade da família deixou os homens tímidos e nada

---

1 Do francês, *rentier* quer dizer rentista e *dot*, dote. (N. T.)

aventureiros: é apenas no proletariado organizado que sobrevive o espírito audacioso que fez a Revolução e levou à prática e ao pensamento políticos. Por meio da influência do dinheiro, a força da família se tornou uma fraqueza para a nação, pois fez a população ficar estacionária e até mesmo tender a diminuir. Esse amor à segurança está começando a produzir os mesmos efeitos em outros lugares; mas nisso, assim como em muitos começos melhores, a França abriu o caminho.

Na Alemanha, a veneração pelo dinheiro é mais recente que na França, na Inglaterra e nos Estados Unidos; na verdade, mal existia até a Guerra Franco-Prussiana. Agora, vem sendo adotada com a mesma intensidade e sinceridade que sempre marcaram as crenças alemãs. É característico que, do mesmo modo como na França a veneração pelo dinheiro é associada à família, na Alemanha seja associada ao Estado. Liszt, em deliberada revolta contra os economistas ingleses, ensinou seus compatriotas a pensar sobre economia em termos nacionais, e os alemães que empreendem um negócio são vistos, pelos outros e por si mesmos, como quem presta um serviço ao Estado. Os alemães acreditam que a grandeza da Inglaterra se deve ao industrialismo e ao império e que nosso sucesso nesses aspectos se deve a um intenso nacionalismo. Veem o evidente internacionalismo de nossa política de livre-comércio como mera hipocrisia. Tentaram imitar o que acreditam que realmente somos, omitindo apenas a hipocrisia. É preciso admitir que o sucesso deles vem sendo impressionante. Mas, nesse processo, destruíram quase tudo que fazia a Alemanha valiosa para o mundo e não adotaram nada do que poderia haver de bom entre nós, pois tudo isso foi descartado com a condenação geral de "hipocrisia". E, ao adotar nossos piores defeitos, eles os pioraram ainda mais com um sistema, uma inflexibilidade e uma unanimidade de que somos, felizmente, incapazes. A religião alemã é da maior importância para o mundo, uma vez que os alemães têm o poder de acreditar de verdade e a energia para adquirir as virtudes e os vícios que seu credo exige. Para o bem do mundo, e também para o bem da Alemanha, devemos ter a esperança de que eles abandonem logo a veneração pela riqueza que, infelizmente, aprenderam conosco.

A veneração pelo dinheiro não é coisa nova, mas é uma coisa mais prejudicial do que costumava ser, por várias razões. O industrialismo tornou o trabalho mais enfadonho e intenso, menos capaz de proporcionar prazer e interesse ao homem, que o realiza só pelo dinheiro. O poder de limitar o tamanho das famílias abriu um novo campo à atuação da poupança. O aumento geral da educação e da autodisciplina tornou os homens mais capazes de perseguir um propósito de modo consistente, a despeito das tentações, e, quando o propósito é contrário à vida, ele se torna cada vez mais destrutivo à medida que aumenta a tenacidade de quem o adota. A maior produtividade resultante do industrialismo nos permitiu dedicar mais capital e trabalho aos exércitos e marinhas, para a proteção de nossa riqueza contra vizinhos invejosos e para a exploração das raças inferiores, que são impiedosamente devastadas pelo regime capitalista. Por causa do medo de perder dinheiro, a precaução e a ansiedade corroem o poder de felicidade dos homens, e o temor da desgraça se torna uma desgraça ainda maior do que a que se temia. Os homens e as mulheres mais felizes, como todos podemos testemunhar por experiência própria, são indiferentes ao dinheiro, porque têm algum propósito positivo que o bloqueia. E, ainda assim, nosso pensamento político, seja imperialista, radical ou socialista, continua a se ocupar quase exclusivamente dos desejos econômicos dos homens, como se somente estes tivessem real importância.

Para julgar um sistema industrial, seja este sob o qual vivemos, seja o proposto por reformadores, há quatro testes principais que podem ser aplicados. Podemos examinar se o sistema assegura (1) o máximo de produção, ou (2) justiça na distribuição, ou (3) uma existência suportável para os produtores, ou (4) o máximo possível de liberdade e estímulo à vitalidade e ao progresso. Podemos dizer, em linhas gerais, que o sistema atual visa apenas ao primeiro desses objetivos, ao passo que o socialismo visa ao segundo e ao terceiro. Alguns defensores do sistema atual argumentam que o progresso técnico é mais bem promovido por empresas privadas do que seria se a indústria estivesse nas mãos do Estado; nesse ponto, reconhecem o quarto dos objetivos que enumeramos. Mas o reconhecem apenas pelo lado dos bens e do capitalista, não pelo lado do assalariado. Creio que o quarto é o mais importante dos objetivos a serem visados, que o sistema vigente é fatal para ele e que o socialismo ortodoxo poderia se provar igualmente fatal.

Um dos pressupostos menos questionados do sistema capitalista é o de que se deve aumentar a produção em quantidade, por todos os meios possíveis: usando novos tipos de máquinas, empregando mulheres e crianças, estendendo as horas de trabalho até o ponto que seja compatível com a eficiência. Os nativos da África Central, acostumados a viver dos frutos da terra e desbaratando Manchester por dispensarem o uso de roupas, são compelidos a trabalhar por causa de um imposto sobre suas choupanas, o qual só conseguem pagar se arrumarem emprego com um capitalista europeu. É ponto pacífico que são perfeitamente felizes enquanto permanecem livres das influências europeias e que o industrialismo lhes traz não apenas a insólita miséria do confinamento, mas também a morte por doenças às quais os brancos se tornaram parcialmente imunes. É ponto pacífico que os melhores trabalhadores negros são os "nativos puros", que acabaram de chegar da selva, ainda não contaminados por uma experiência prévia de trabalho assalariado. No entanto, ninguém argumenta efetivamente que eles deveriam ser preservados da deterioração que trazemos, uma vez que ninguém duvida efetivamente de que é bom aumentar a produção do mundo, independentemente do custo disso.

A crença na importância da produção tem uma irracionalidade e uma brutalidade fanáticas. Desde que algo seja produzido, não parece importar muito o que é produzido. Todo o nosso sistema econômico encoraja essa visão, pois o medo do desemprego faz de qualquer trabalho uma dádiva para os assalariados. A mania de aumentar a produção vem desviando os pensamentos dos homens de problemas muito mais importantes e impedindo que o mundo obtenha os benefícios que poderia obter com o aumento da produtividade do trabalho.

Quando estamos alimentados, vestidos e abrigados, outros bens materiais só servem para a ostentação ou para satisfazer a ganância de posse, a qual, embora instintiva e, talvez, praticamente inextirpável, não merece admiração. Com os métodos modernos, certa proporção da população poderia, sem trabalhar longas horas, fazer todo o trabalho realmente necessário à produção de mercadorias. O tempo que agora se desperdiça na produção de artigos de luxo poderia ser utilizado parte em lazer e feriados nacionais, parte em melhor educação, parte em trabalhos que não fossem manuais, ou pelo menos trabalhos manuais que não fossem subservientes. Se quiséssemos, poderíamos ter muito mais ciência e arte, mais difusão de conhecimentos e cultivo mental, mais lazer para os assalariados e possibilidades de prazeres inteligentes. Atualmente, não apenas os salários, mas quase todos os rendimentos ganhos só podem ser obtidos com muito mais horas de trabalho do que qualquer homem deveria trabalhar. Um homem que ganha 800 libras por ano com trabalho árduo não poderia, em regra, ganhar 400 libras com metade do trabalho. O mais provável é que não ganhasse coisa alguma se não estivesse disposto a trabalhar praticamente o dia todo e todos os dias. Por conta do excesso de fé no valor da produção, pensa-se que é certo e conveniente que os homens trabalhem longas horas e não se percebe o bem que poderia resultar de uma diminuição dessas horas. E todas as crueldades do sistema industrial, não apenas na Europa mas, sobretudo, nos trópicos, suscitam apenas um protesto fraco e ocasional de poucos filantropos. Isso porque, devido à distorção produzida por nossos atuais métodos econômicos, os desejos conscientes dos homens em tais assuntos cobrem apenas uma pequena parcela, e não a parcela mais importante, das necessidades reais afetadas pelo trabalho industrial. Só um sistema econômico diferente poderá remediar essa situação, um sistema no qual a relação entre atividades e necessidades seja menos obscura e mais direta.

    O propósito de maximizar a produção não será alcançado a longo prazo se nosso atual sistema industrial continuar.

Nosso sistema desperdiça material humano, em parte pelo dano à saúde e à eficiência dos operários industriais, especialmente quando se empregam mulheres e crianças, em parte pelo fato de os melhores trabalhadores tenderem a ter famílias menores e de as raças mais civilizadas estarem sob risco de extinção gradual. Toda cidade grande é um centro de deterioração da raça. No caso de Londres, isso foi argumentado, com riqueza de detalhes estatísticos, por sir H. Llewelyn Smith;[2] e não se pode duvidar de que seja igualmente verdadeiro em outros casos. O mesmo vale para os recursos materiais: os minerais, as florestas virgens e os campos de trigo recém-formados no mundo estão sendo exauridos por uma prodigalidade temerária que implica, quase com certeza, dificuldades para as futuras gerações.

Os socialistas acham que o remédio é a propriedade estatal da terra e do capital, combinada a um sistema mais justo de distribuição. Não se pode negar que nosso atual sistema de distribuição é indefensável sob qualquer ponto de vista, inclusive o da justiça. Nosso sistema de distribuição é regulado pela lei e passível de modificações em muitos aspectos que, por familiaridade, julgamos naturais e inevitáveis. Podemos distinguir quatro fontes principais dos direitos legais reconhecidos da propriedade privada: (1) o direito do homem àquilo que ele mesmo fez; (2) o direito a juros sobre o capital que emprestou; (3) a propriedade da terra; (4) a herança. Isso forma um crescendo de respeitabilidade: o capital é mais respeitado que o trabalho, a terra é mais respeitável que o capital, e qualquer

---

2 Booth, Life and Labour of the People [A vida e o trabalho das pessoas], v.III.

forma de riqueza é mais respeitável quando herdada do que quando adquirida por nossos próprios esforços.

O direito do homem ao produto de seu próprio trabalho nunca teve, de fato, mais que um reconhecimento muito limitado por parte da lei. Os primeiros socialistas, especialmente os precursores ingleses de Marx, costumavam insistir nesse direito como base para um sistema de distribuição justo, mas, no emaranhado dos processos industriais modernos, é impossível dizer o que um homem produziu. Qual proporção dos bens transportados em uma estrada de ferro deveria pertencer aos carregadores envolvidos na viagem? Quando um cirurgião salva a vida de um homem em uma cirurgia, qual proporção das mercadorias que o homem produz a partir daí o cirurgião poderá reivindicar justamente? Tais problemas são insolúveis. E, mesmo se fossem solúveis, não há nenhuma justiça especial em dar a cada homem o que ele produziu. Alguns homens são mais fortes, mais saudáveis, mais inteligentes do que outros, mas não há razão para aumentar essas injustiças naturais com as injustiças artificiais da lei. O princípio se recomenda em parte como um meio de abolir os muito ricos, em parte como um meio de estimular as pessoas a trabalharem mais. Mas o primeiro desses objetivos pode ser mais bem obtido por outros modos, e o segundo deixa de ser obviamente desejável assim que deixamos de venerar o dinheiro.

Os juros surgem naturalmente em qualquer comunidade na qual a propriedade privada seja irrestrita e o roubo, punido, porque alguns dos processos de produção mais econômicos são lentos, e aqueles que têm habilidade para executá-los podem não ter os meios para viver enquanto os processos são completados. Mas o poder de emprestar dinheiro dá tanta riqueza e influência a capitalistas privados que não é compatível com uma liberdade real para o resto da população, a menos que seja estritamente controlado. Seus efeitos no presente, tanto no mundo industrial quanto na política internacional, são tão ruins que parece imperiosamente necessário elaborar algum meio de restringir seu poder.

A propriedade privada da terra não tem qualquer justificativa, a não ser historicamente, pelo poder da espada. No início dos tempos feudais, certos homens tinham força militar suficiente para serem capazes de forçar aqueles de quem não gostavam a não viver em certa área. Os escolhidos para permanecer na terra se tornavam seus servos e eram forçados a trabalhar para eles em troca da benevolente permissão de ficarem. Para estabelecer a lei no lugar da força privada foi necessário, de um modo geral, manter intactos os direitos que haviam sido conquistados pela espada. A terra se tornou propriedade dos que a conquistaram, e aos servos se permitiu pagar aluguel ao invés de serviços. Não há justificativa para a propriedade privada da terra, a não ser a necessidade histórica de apaziguar ladrões turbulentos que, de outra forma, não teriam obedecido à lei. Essa necessidade surgiu na Europa há muitos séculos, mas, na África, todo o processo é muito recente. Foi por meio desse processo, levemente dissimulado, que as minas de diamantes de Kimberley e as minas de ouro de Rand foram conquistadas, a despeito dos direitos anteriores dos nativos. É um exemplo singular da inércia humana o fato de os homens continuarem, até agora, a suportar a tirania e a extorsão que uma pequena minoria é capaz de lhes infligir por conta da posse da terra. A propriedade privada da terra não traz para a comunidade nenhum bem de nenhuma natureza ou espécie. Se os homens fossem razoáveis, iriam decretar o seu fim amanhã, sem qualquer compensação além de um moderado rendimento vitalício para os atuais detentores.

A mera abolição do arrendamento não acabaria com a injustiça, pois iria conferir uma vantagem arbitrária aos ocupantes dos melhores lugares e das terras mais férteis. É necessário haver arrendamento, mas este deveria ser pago ao Estado ou a algum órgão que desempenhasse serviços públicos; ou, se o total desses arrendamentos fosse mais do que o exigido para tais propósitos, poderia ser pago a um fundo comum e dividido igualmente entre a população. Tal método seria justo e ajudaria não apenas a atenuar a miséria, mas também a prevenir o desperdício da terra e a tirania de magnatas locais. Muito do que parece ser o poder do capital é, na verdade, o poder do proprietário de terras – por exemplo, o poder das companhias ferroviárias e das mineradoras. O mal e a injustiça do sistema atual são flagrantes, mas a paciência dos homens com os males evitáveis a que se acostumaram é tão grande que não dá para saber quando acabarão com esse estranho absurdo.

A herança, fonte da maior parte dos rendimentos ganhos sem trabalho no mundo, é tida como direito natural pela maioria dos homens. Em alguns casos, como na Inglaterra, o direito é inerente ao dono da propriedade, que dela pode dispor como melhor lhe parecer. Em outros, como na França, seu direito é limitado pelo direito de sua família herdar pelo menos uma parte do que ele tem a legar. Mas nem o direito de dispor da propriedade por testamento nem o direito dos filhos de herdar dos pais têm qualquer base que não os instintos de posse e o orgulho de família. Pode haver razões para permitir a um homem cujo trabalho é excepcionalmente prolífico — um inventor, por exemplo — desfrutar de uma renda maior do que a desfrutada pelo cidadão médio, mas não pode haver razão para permitir que esse privilégio se estenda a seus filhos e netos e assim por diante, para sempre. O efeito é a produção de uma classe ociosa e excepcionalmente afortunada, que tem grande influência por conta de seu dinheiro e se opõe à reforma, por medo de que esta se dirija contra ela. Todo o seu modo habitual de pensamento se torna covarde, pois eles temem ser forçados a reconhecer que sua posição é indefensável; ainda assim, o esnobismo e o desejo de garantir seus privilégios fazem que quase toda a classe média macaqueie suas maneiras e adote suas opiniões. Dessa forma, eles se tornam um veneno que infecta a perspectiva de quase todas as pessoas instruídas.

Às vezes se diz que, sem o incentivo da herança, os homens não trabalhariam tanto. Os grandes capitães da indústria, bem sabemos, são movidos pelo desejo de fundar uma família e não dedicariam suas vidas à labuta incessante, não fosse a esperança de satisfazer esse desejo. Mas não acredito que grande proporção do trabalho verdadeiramente útil se faça por esse motivo. O trabalho ordinário é feito pela necessidade de viver e o trabalho mais excepcional é feito pelo interesse no trabalho em si. Até mesmo os capitães da indústria, que são vistos (pelos outros e talvez por eles mesmos) como pessoas com o objetivo de fundar uma família, são, provavelmente, mais movidos pelo amor ao poder e pelo prazer da aventura dos grandes empreendimentos. E, se houvesse uma leve diminuição na quantidade de trabalho feito, esta valeria muito a pena, pois acabaria com os ricos ociosos e com a opressão, a debilidade e a corrupção que eles, inevitavelmente, trazem consigo.

O atual sistema de distribuição não se baseia em nenhum princípio. Partindo de um sistema imposto por conquista, os arranjos feitos pelos conquistadores em benefício próprio foram estereotipados pela lei e jamais fundamentalmente reconstruídos. Em que princípios deveria se basear essa reconstrução?

O socialismo, que é o esquema de reconstrução mais defendido globalmente, visa, sobretudo, à *justiça*: as atuais desigualdades de riqueza são injustas e o socialismo as aboliria. Para o socialismo, não é essencial que todos os homens tenham a mesma renda, mas é essencial que as desigualdades sejam justificadas, em cada caso, pela desigualdade de necessidades ou de serviço prestado. Não pode haver discussão acerca do fato de que o sistema atual é manifestamente injusto e de que quase tudo o que nele é injusto também é prejudicial. Mas não acho que apenas a justiça seja um princípio suficiente sobre o qual basear uma reconstrução econômica. A justiça estaria garantida se todos fossem igualmente infelizes, assim como se todos fossem igualmente felizes. A justiça, uma vez realizada, não contém, em si mesma, nenhuma fonte de vida nova. O velho socialista marxista revolucionário jamais experimentou, na imaginação, a vida nas comunidades depois do estabelecimento do milênio. Ele imaginava que, como os príncipes e princesas dos contos de fada, viveriam felizes para sempre. Mas essa não é uma condição possível para a natureza humana. O desejo, a atividade, o propósito são essenciais à vida tolerável, e o milênio, mesmo que seja uma alegre perspectiva, seria intolerável se fosse realmente atingido.

Os socialistas mais modernos perderam, é verdade, muito do fervor religioso que caracterizava os pioneiros e veem o socialismo mais como uma tendência do que como uma meta definitiva. Porém, ainda conservam a visão de que o mais importante para um homem, politicamente, é sua renda e de que a meta principal de um político democrata deve ser aumentar os salários da classe trabalhadora. Creio que isso implica uma concepção muito passiva do que constitui a felicidade. É verdade que, no mundo industrial, vastos setores da população são pobres demais para ter qualquer possibilidade de vida boa; mas não é verdade que uma vida boa virá, por si própria, só com a diminuição da pobreza. Muitos poucos entre as classes abastadas têm uma vida boa atualmente, e talvez o socialismo só substituísse os males que agora afligem os mais prósperos pelos males resultantes de sua destituição.

No atual movimento trabalhista, embora ele seja uma das mais vitais fontes de mudança, há certas tendências contra as quais os reformadores deveriam ficar em guarda. O movimento trabalhista é, em essência, um movimento em favor da justiça, baseado na crença de que o sacrifício de muitos por alguns poucos não é necessário hoje, independentemente de qual tenha sido o caso no passado. Quando o trabalho era menos produtivo e a educação, menos difundida, uma civilização aristocrática talvez tenha sido a única possível: pode ter sido necessário que muitos devessem contribuir para vida de poucos, uma vez que a esses poucos cabia transmitir e aumentar o patrimônio mundial na arte, no pensamento e na existência civilizada. Mas essa necessidade agora passou ou está passando rapidamente, e já não há qualquer objeção válida às reivindicações de justiça. O movimento trabalhista é moralmente irresistível e agora não sofre mais oposição séria, a não ser por preconceito ou simples autoafirmação. Todo pensamento vivo está a seu lado; o que lhe vai contra é tradicional e morto. Mas, embora esteja vivo, não é, de forma alguma, certo de que conduza à vida.

O pensamento político corrente vem conduzindo a classe trabalhadora em certas direções que se tornariam repressivas e perigosas, caso permanecessem fortes depois do triunfo do proletariado. As aspirações do movimento trabalhista são, em geral, combatidas pela grande maioria das classes instruídas, que sentem uma ameaça não apenas ou sobretudo a seu conforto pessoal, mas também à vida civilizada de que fazem parte e que acreditam ser profundamente importante para o mundo. Devido à oposição das classes instruídas, o proletariado, quando é revolucionário e vigoroso, tende a desprezar tudo o que as classes instruídas representam. Quando é mais respeitoso, como seus líderes tendem a ser na Inglaterra, a influência sutil e quase inconsciente de homens instruídos está apta a sangrar o ardor revolucionário, produzindo dúvida e incerteza em lugar da segurança simples e rápida, por meio da qual se poderia conseguir a vitória. A própria empatia que os melhores homens das classes abastadas estendem ao proletariado, sua prontidão para admitir a justiça de suas reivindicações, pode ter o efeito de amolecer a oposição dos líderes trabalhistas ao *status quo* e de abrir suas mentes para a sugestão de que nenhuma mudança fundamental é possível. Como essas influências afetam os líderes muito mais do que os soldados rasos, tendem a produzir nestes uma desconfiança nos líderes e o desejo de procurar novos líderes que estejam menos dispostos a ceder às reivindicações das classes mais afortunadas. O resultado, no fim das contas, pode ser um movimento trabalhista tão hostil à vida inteligente quanto hoje o creem certos proprietários aterrorizados.

Como são interpretadas de forma restritiva, as reivindicações de justiça podem reforçar essa tendência. Pode-se achar injusto que alguns homens tenham rendimentos maiores ou menos horas de trabalho que outros. Mas a eficiência no trabalho mental e, inclusive, no trabalho de educação, certamente requer mais conforto e períodos de descanso mais longos que os requeridos pela eficiência no trabalho físico, até mesmo porque o trabalho mental não é fisiologicamente saudável. Se isso não for reconhecido, a vida da mente poderá sofrer mais por falta de visão do que por hostilidade deliberada.

A educação sofre no presente e pode continuar a sofrer um bom tempo por causa do desejo dos pais de que os filhos ganhem dinheiro o mais cedo possível. Todo mundo sabe que o sistema de meio período, por exemplo, é ruim; mas a força do proletariado organizado garante sua existência. Está claro que a cura para esse mal, assim como para os males relacionados à questão populacional, é aliviar os pais da despesa da educação dos filhos e, ao mesmo tempo, lhes tirar o direito de se apropriarem dos ganhos dos filhos.

O modo de evitar qualquer oposição perigosa do proletariado à vida da mente não é combater o movimento trabalhista, que é forte demais para ser combatido com justiça. O modo certo é demonstrar, na prática, que o pensamento é útil aos trabalhadores, que sem pensamento não poderão alcançar suas metas positivas e que no mundo do pensamento existem homens que estão dispostos a dedicar suas energias para ajudar a classe trabalhadora nessa luta. Tais homens, se forem sábios e sinceros, poderão evitar que o trabalho se torne destrutivo ao que é vivo no mundo intelectual.

Outro perigo para as metas do proletariado organizado é o do conservadorismo nos métodos de produção. Por esse motivo, e também por mera aversão instintiva a qualquer mudança de hábitos, poderosas organizações trabalhistas são, com frequência, obstáculos para o progresso técnico. A base primeira de todo progresso social deve ser o aumento da eficiência técnica, um resultado maior a partir de uma dada quantidade de trabalho. Se a classe trabalhadora viesse a oferecer uma oposição efetiva a esse tipo de progresso, iria, a longo prazo, paralisar todo e qualquer progresso. O modo de superar a posição do proletariado não é optar pela hostilidade ou pelos sermões morais, mas sim dar ao proletariado o interesse direto nos processos econômicos que atualmente pertencem aos empregadores. Aqui, como em todo o resto, a parte não progressista de um movimento que é essencialmente progressivo deve ser eliminada, não desacreditando todo o movimento, mas sim dando a ele uma maior abrangência, tornando-o mais progressivo e orientando-o a exigir uma mudança na estrutura da sociedade ainda maior do que se vislumbrara em seu princípio.

O propósito mais importante que as instituições políticas podem alcançar é manter vivos nos indivíduos a criatividade, o vigor, a vitalidade e a alegria de viver. Essas coisas existiam, por exemplo, na Inglaterra elisabetana, de um modo como já não existem agora. Elas estimularam a aventura, a poesia, a música e a arquitetura e iniciaram todo o movimento a partir do qual a grandeza da Inglaterra se espalhou por todas as direções nas quais tem sido grande. Essas coisas coexistiram com a injustiça, mas a contrabalançavam e faziam a vida nacional mais admirável do que parece provável que venha a ser sob o socialismo.

O que é necessário para manter os homens cheios de vitalidade é oportunidade, e não apenas segurança. A segurança é tão somente um refúgio contra o medo; a oportunidade é a fonte da esperança. O principal teste para um sistema econômico não é saber se este faz que os homens sejam prósperos ou se garante justiça distributiva (embora ambos os aspectos sejam muito desejáveis), mas se deixa desimpedido o crescimento instintivo dos homens. Para alcançar esse propósito, o sistema teria de preencher duas condições primordiais: não oprimir as afeições privadas dos homens e proporcionar os maiores canais de manifestação possíveis para o impulso criador. Na maioria dos homens há, até que seja atrofiado pela falta de uso, um instinto construtivo, uma vontade de fazer alguma coisa. Os homens que mais realizam são, via de regra, aqueles em quem esse instinto é mais forte: tais homens se tornam artistas, homens de ciência, estadistas, construtores de impérios ou capitães de indústria, de acordo com as contingências de temperamento e oportunidade. As carreiras mais benéficas e as mais prejudiciais se inspiram nesse impulso. Sem ele, o mundo iria descer ao nível do Tibete: iria subsistir, como sempre está propenso a fazer, da sabedoria de seus ancestrais, e cada geração se afundaria cada vez mais profundamente em um tradicionalismo sem vida.

Mas não são apenas os homens notáveis que têm o instinto construtivo, embora sejam eles que o tenham de modo mais intenso. Esse instinto é quase universal nas crianças e normalmente sobrevive nos homens, em grau maior ou menor, de acordo com os canais de manifestação maiores ou menores que é possível encontrar. O trabalho inspirado por esse instinto é gratificante, até mesmo quando penoso e difícil, pois cada esforço é tão natural quanto o esforço do cão que persegue a lebre. O principal defeito do sistema capitalista vigente é que o trabalho feito em troca de salários muito raramente proporciona algum canal de manifestação para o impulso criativo. O homem que trabalha por salários não tem escolha quanto ao que vai fazer: toda a criatividade do processo está concentrada no empregador, que determina o que deve ser feito. Por esse motivo, o trabalho se torna tão-somente um meio externo para certo resultado, o recebimento do salário. Os empregadores ficam indignados com as normas sindicais que limitam a produção, mas não têm direito de se indignar, pois não permitem aos homens que empregam qualquer participação no propósito pelo qual se faz o trabalho. E, então, o processo de produção, que deveria formar um ciclo instintivo, fica dividido em propósitos separados, que já não conseguem fornecer nenhuma satisfação de instinto àqueles que fazem o trabalho.

Esse resultado se deve ao nosso sistema industrial, mas não seria evitado pelo Estado socialista. Em uma comunidade socialista, o Estado seria o empregador e o indivíduo trabalhador teria quase tão pouco controle sobre seu trabalho quanto tem atualmente. Tal controle, se pudesse mesmo exercê-lo, seria indireto, por meio de canais políticos, e por demais vago e superficial para fornecer qualquer satisfação apreciável. É para se temer que, em vez do acréscimo de autonomia, houvesse apenas um acréscimo de interferência mútua.

A abolição total da iniciativa privada capitalista, exigida pelo socialismo marxista, parece pouco necessária. Grande parte dos homens que constroem amplos sistemas de reforma, bem como grande parte dos que defendem o *status quo*, não prestam atenção necessária à importância das exceções e à inconveniência de um sistema rígido. Desde que se restrinja a esfera do capitalismo e que se resgate a maior proporção da população de seu domínio, não há motivo para se desejar sua completa abolição. Como competidor e rival, poderia servir a um propósito útil, prevenindo que mais iniciativas democráticas afundassem na indolência e no conservadorismo técnico. Mas é da maior importância que o capitalismo se torne uma exceção ao invés da regra e que o grosso da indústria do mundo seja dirigido por um sistema mais democrático.

Muito do que se pode dizer contra o militarismo no Estado também se pode dizer contra o capitalismo na esfera econômica. As organizações econômicas, ao perseguirem a eficiência, ficaram cada vez maiores e não há possibilidade de reverter esse processo. As causas de seu crescimento são técnicas, e as grandes organizações devem ser aceitas como parte essencial da sociedade civilizada. Mas não há motivo pelo qual sua administração deva ser centralizada e monárquica. O sistema econômico vigente, ao furtar a iniciativa da maioria dos homens, é uma das causas do enfado universal, que desvitaliza as populações urbanas e industriais, fazendo que vivam perpetuamente em busca de agitação e os levando a saudar até mesmo a eclosão da guerra como um alívio para a triste monotonia de sua vida cotidiana.

Se quisermos preservar o vigor da nação, se quisermos manter alguma capacidade para novas ideias e se não quisermos afundar em uma condição chinesa de estereotipada imobilidade, a organização monárquica da indústria deve ser varrida para longe. Todos os grandes negócios devem se tornar democráticos e federais em sua administração. Todo o sistema de pagamento de salários é abominável, não apenas por causa da injustiça social que gera e perpetua, mas também porque aparta o homem que faz o trabalho do propósito pelo qual o trabalho é feito. Todo o propósito controlador se concentra no capitalista; o propósito do assalariado não é produzir, mas ganhar salários. O propósito do capitalista é garantir o máximo de trabalho pelo mínimo de salários; o propósito do assalariado é garantir o máximo de salários pelo mínimo de trabalho. Não se pode esperar que um sistema que envolve esse tipo de conflito funcione sem problemas ou com sucesso, muito menos que produza uma comunidade com algum orgulho pela eficiência.

Existem dois movimentos – um já bem avançado, o outro em sua infância – que parecem capazes de, em conjunto, sugerir a maior parte do que é necessário. Os dois movimentos a que me refiro são o movimento cooperativista e o sindicalismo. O movimento cooperativista é capaz de substituir o sistema de salários em um campo bastante amplo, mas não é fácil enxergar como poderia ser aplicado a setores como o das estradas de ferro. É exatamente nesses casos em que os princípios do sindicalismo são mais facilmente aplicáveis.

Se não se quiser que a organização esmague a individualidade, a adesão a uma organização deve ser voluntária, não compulsória, e também deve sempre trazer consigo uma voz que opine na administração. Não é o que acontece nas organizações econômicas, que não dão nenhuma oportunidade ao orgulho e ao prazer que os homens encontram em uma atividade de sua própria escolha, desde que não seja totalmente monótona.

Deve-se admitir, porém, que muito do trabalho mecânico necessário à indústria provavelmente não é capaz de se tornar interessante em si mesmo. Mas vai parecer menos tedioso do que parece no presente se aqueles que o realizam tiverem voz na administração de sua indústria. E os homens que desejam lazer para outras ocupações poderão ter a oportunidade de realizar um trabalho desinteressante durante umas poucas horas do dia por um salário menor; isso daria uma chance a todos os que quisessem uma atividade não imediatamente lucrativa. Quando for feito tudo o que for possível para tornar o trabalho interessante, o restante será suportável, como quase todo trabalho atualmente, por conta do estímulo das recompensas além das horas de trabalho. Mas, para que essas recompensas sejam satisfatórias, é essencial que o trabalho desinteressante não absorva todas as energias do homem e que existam oportunidades para atividades mais ou menos contínuas durantes as horas restantes. Um sistema como esse seria uma dádiva incomensurável para artistas, homens de letras e outros mais que, por satisfação pessoal, produzem trabalhos que o público não valoriza o bastante para assegurar um modo de vida para os produtores; e, para além desses casos mais raros, o sistema iria proporcionar uma oportunidade para que jovens homens e mulheres com ambições intelectuais continuem sua formação depois de saírem da escola, ou se preparem para carreiras que exigem um treinamento excepcionalmente longo.

Os males do sistema vigente resultam da separação entre os diferentes interesses do consumidor, do produtor e do capitalista. Nenhum dos três tem os mesmos interesses que a comunidade ou que qualquer um dos outros dois. O sistema cooperativo faz um amálgama dos interesses do consumidor e do capitalista; o sindicalismo iria amalgamar os interesses do produtor e do capitalista. Nenhum dos dois sistemas amalgamaria todos os três, nem tornaria os interesses dos que dirigem a indústria idênticos aos da comunidade. Nenhum deles, portanto, iria prevenir totalmente a discórdia na indústria, nem eliminar a necessidade de um Estado como árbitro. Mas ambos seriam melhores do que o sistema atual, e uma mistura dos dois iria, provavelmente, curar a maioria dos males do industrialismo tal como existe agora. É surpreendente que, enquanto homens e mulheres lutaram para alcançar a democracia política, tão pouco tenha sido feito para introduzir a democracia na indústria. Acredito que benefícios incalculáveis viriam resultar da democracia industrial, fosse sob o modelo cooperativo, fosse sob o reconhecimento das profissões e indústrias como unidades para fins de governo, com um tipo de autogoverno, como o sindicalismo visa a garantir. Não há motivo pelo qual todas as unidades governamentais tenham de ser geográficas: esse sistema era necessário no passado por causa da morosidade dos meios de comunicação, mas não é necessário agora. Por um sistema desse tipo, muitos homens poderiam voltar a sentir orgulho de seu trabalho e encontrar de novo aquele canal de manifestação para o impulso criativo que hoje se nega a todos, exceto a uns poucos afortunados. Um sistema como esse requer a abolição do proprietário da terra e a restrição ao capitalista, mas não acarreta igualdade de rendimentos. E, diferente do socialismo, não é um sistema estático ou definitivo: é pouco mais que uma moldura para a energia e a iniciativa. É somente por um método desse tipo, creio eu, que o livre crescimento do indivíduo poderá se reconciliar com as imensas organizações técnicas que o industrialismo tornou necessárias.

5.
A educação

Nenhuma teoria política é adequada, a menos que seja aplicável às crianças tanto quanto aos homens e às mulheres. Os teóricos, em sua maioria, não têm filhos, ou, se os têm, ficam cuidadosamente resguardados das perturbações que poderia causar o tumulto juvenil. Alguns deles têm escrito livros sobre educação, mas, via de regra, sem ter qualquer criança de verdade na mente enquanto escrevem. Os teóricos da educação que tinham algum conhecimento sobre crianças, tais como os inventores do *Kindergarten* [jardim de infância] e do sistema Montessori,[1] nem sempre tiveram um entendimento suficiente da meta final da educação que lhes capacitasse a lidar, com êxito, com a instrução superior. Não tenho conhecimentos sobre crianças, nem sobre educação, que me permitam suprir quaisquer defeitos que possam existir nas obras dos outros. Mas algumas questões acerca da educação como instituição política estão implicadas em toda e qualquer esperança de reconstrução social

---
1 No que diz respeito à educação de crianças pequenas, os métodos da madame Montessori me parecem plenos de sabedoria.

e, normalmente, não são consideradas por quem escreve sobre teoria educacional. São essas questões que gostaria de discutir.

O poder da educação na formação do caráter e da opinião é muito grande e bastante reconhecido. As crenças genuínas de pais e professores, embora nem sempre os preceitos professados, são quase inconscientemente adquiridas pela maioria das crianças. E, mesmo que elas se afastem dessas crenças ao longo da vida, algo lhes permanece profundamente implantado, pronto para emergir em um momento de tensão ou crise. A educação é, em regra, a força mais poderosa a favor do que já existe e contra qualquer mudança fundamental: as instituições ameaçadas, enquanto ainda estão poderosas, tomam posse da máquina educacional e instilam o respeito por sua própria excelência nas mentes maleáveis dos jovens. Os reformadores revidam, tentando expulsar os oponentes de sua posição vantajosa. As crianças em si não são consideradas por nenhum dos lados; são apenas massa a se recrutar para um ou outro exército. Se as próprias crianças fossem consideradas, a educação não teria por objetivo fazê-las pertencer a este ou àquele lado, mas sim habilitá-las a optar inteligentemente entre os lados; teria por objetivo fazê-las capazes de pensar, e não fazê-las pensar o que seus professores pensam. A educação não poderia existir enquanto arma política se respeitássemos os direitos das crianças. Se respeitássemos os direitos das crianças, deveríamos educá-las de modo a lhes dar o conhecimento e os hábitos mentais necessários para formarem opiniões independentes; mas a educação, enquanto instituição política, empenha-se em formar hábitos e circunscrever o conhecimento de modo a tornar inevitável um único conjunto de opiniões.

Os princípios de *justiça* e *liberdade*, os quais cobrem uma grande parte da reconstrução social que se requer, não são, em si mesmos, suficientes no que diz respeito à educação. A justiça, no sentido literal de direitos iguais, não é, está claro, inteiramente possível em relação às crianças. Quanto à liberdade, ela é, antes de tudo, essencialmente negativa: condena toda interferência evitável na liberdade, sem oferecer nenhum princípio positivo de construção. Mas a educação é essencialmente construtiva e requer alguma concepção positiva do que constitui a vida boa. Embora a liberdade deva ser respeitada na educação, tanto quanto for compatível com a instrução, e embora se possa permitir, sem prejuízo para a instrução, uma liberdade bem maior que a costumeira, é claro que não se pode evitar certo afastamento da liberdade, se quisermos que as crianças aprendam alguma coisa, exceto nos casos das crianças de inteligência incomum que são isoladas de colegas normais. Essa é uma das razões da grande responsabilidade que pesa sobre os professores: as crianças estão, necessariamente, mais ou menos à mercê dos mais velhos e não conseguem ser guardiãs de seus próprios interesses. A autoridade na educação é, até certo ponto, inevitável, e os que educam precisam encontrar um meio de exercer a autoridade de acordo com o *espírito* da liberdade.

Onde a autoridade é inevitável, o que se faz necessário é *reverência*. Um homem que queira educar realmente bem e fazer o jovem crescer e desenvolver todo seu potencial deve estar inteiramente imbuído do espírito de reverência. É a reverência perante os outros o que falta a quem defende os sistemas ferrenhos e mecânicos: militarismo, capitalismo, organização científica da sociedade proposta pela Fabian Society e todas as outras prisões para dentro das quais reformadores e reacionários tentam forçar o espírito humano. Na educação, com seus códigos de regras que emanam do governo, com suas classes grandes, currículos fixos e professores sobrecarregados, com sua determinação em produzir um nível invariável de mediocridade, a falta de reverência pela criança é praticamente universal. A reverência requer imaginação e afeto vital; requer ainda mais imaginação em relação àqueles que têm menos realizações e poderes. A criança é fraca e tola na superfície; o professor é forte e, em linguagem cotidiana, mais esperto que a criança. É fácil para o professor ou o burocrata sem reverência desprezar a criança por suas inferioridades aparentes. Ele pensa que seu dever é "moldar" a criança: em sua imaginação, é o oleiro com a argila nas mãos. E, então, ele dá à criança uma forma não natural, que se endurece com a idade, produzindo tensões e insatisfações espirituais das quais crescem a inveja, a crueldade e a crença de que os outros devem ser compelidos a passar pelas mesmas distorções.

O homem que tem reverência não vai pensar que seu dever é "moldar" os jovens. Ele sente em tudo o que é vivo, mas especialmente nos seres humanos e, sobretudo, nas crianças, algo sagrado, indefinível, ilimitado, algo individual e estranhamente precioso, o princípio da vida em crescimento, um fragmento corporificado do esforço mudo do mundo. Na presença de uma criança, ele sente uma humildade inexplicável – uma humildade que não é fácil de justificar com argumentos racionais e que, ainda assim, está mais próxima da sabedoria do que a autoconfiança simplista de muitos pais e professores. O aparente desamparo da criança e o apelo da dependência o tornam consciente da responsabilidade do encargo. Sua imaginação lhe mostra o que a criança pode vir a ser, para o bem ou para o mal, como seus impulsos podem ser desenvolvidos ou contrariados, como suas esperanças podem ficar esmaecidas e sua vida, menos vívida, como sua confiança pode ser abalada e seus desejos imediatos, substituídos por uma vontade cultivada. Tudo isso lhe dá um anseio de ajudar a criança em sua batalha; ele irá prepará-la e fortalecê-la, não para uma finalidade exterior e proposta pelo Estado ou por qualquer outra autoridade impessoal, mas para as finalidades que o próprio espírito da criança procura, ainda sem clareza. O homem que sente essas coisas pode assumir a autoridade de educador sem infringir o princípio da liberdade.

Não é dentro do espírito da reverência que os Estados, as Igrejas e as grandes instituições que lhes são subservientes conduzem a educação. O que se considera na educação quase nunca é o menino ou a menina, o jovem ou a jovem, mas quase sempre, de alguma forma, a manutenção da ordem vigente. Quando se considera o indivíduo, é quase exclusivamente sob o ponto de vista do sucesso mundano — ganhar dinheiro ou conquistar uma boa posição. Ser comum e aprender a arte de ir vivendo são os ideais que se colocam diante da mente jovem, à exceção de uns raros professores que têm suficiente energia em sua fé para romper o sistema dentro do qual se espera que trabalhem. Quase toda educação tem um motivo político: busca fortalecer algum grupo, nacional, religioso ou até mesmo social, em oposição aos demais grupos. É esse motivo, em geral, o que determina os assuntos ensinados, o conhecimento oferecido e o conhecimento retido e também é o que decide quais hábitos mentais os alunos devem adquirir. Quase nada se faz para nutrir o crescimento da mente e do espírito; na verdade, os que têm mais educação são, muitas vezes, os mais atrofiados em sua vida mental e espiritual, desprovidos de impulsos, possuidores apenas de certas aptidões mecânicas que tomam o lugar do pensamento vivo.

Algumas das coisas que a educação de hoje realiza devem continuar a ser realizadas por ela em qualquer país civilizado. Todas as crianças devem continuar a aprender a ler e a escrever, algumas devem continuar a adquirir o conhecimento necessário a profissões como medicina, advocacia e engenharia. A educação superior requerida pelas ciências e pelas artes é necessária àqueles a quem convém. Exceto em história, religião e assuntos correlatos, a instrução atual é apenas inadequada, não exatamente prejudicial. A instrução pode ser dada dentro de um espírito mais liberal, com maior esforço para demonstrar seus usos mais importantes. É claro que muito disso é tradicional e morto. Mas, de modo geral, é necessário e deveria fazer parte de todo sistema educacional.

É na história, na religião e em outros temas controversos que a instrução de hoje se mostra efetivamente prejudicial. Esses temas tocam os interesses que mantêm as escolas; e esses interesses mantêm as escolas para inculcar certos pontos de vista sobre esses temas. Em todos os países, a história é ensinada de modo a enaltecer o país: as crianças aprendem a acreditar que seu próprio país sempre esteve do lado certo e quase sempre vitorioso, que o país produz quase todos os grandes homens e que, em todos os campos, é superior aos outros países. Como são lisonjeiras, essas crenças se assimilam facilmente e é difícil que um dia sejam desalojadas do instinto por um conhecimento posterior.

Tomemos um exemplo simples e quase trivial: os fatos sobre a batalha de Waterloo são conhecidos em muitos detalhes e com minuciosa exatidão; mas os fatos ensinados na escola elementar serão totalmente distintos na Inglaterra, na França e na Alemanha. O garoto inglês comum imagina que os prussianos quase não tiveram papel na batalha; o garoto alemão comum imagina que Wellington estava praticamente derrotado quando a bravura de Blücher salvou o dia. Se os fatos fossem ensinados fielmente em ambos os países, não se fortaleceria o orgulho nacional na mesma medida, nenhuma das nações se sentiria muito segura da vitória na eventualidade de uma guerra e a disposição para guerrear diminuiria. É esse resultado que se precisa prevenir. Todo Estado quer promover o orgulho nacional e tem consciência de que isso não pode ser feito com uma história imparcial. Indefesas, as crianças aprendem distorções, supressões e sugestões. As ideias falsas sobre a história do mundo ensinadas nos vários países são de um tipo que encoraja o conflito e servem para manter vivo o nacionalismo fanático. Se realmente desejássemos as boas relações entre os Estados, um dos primeiros passos teria de ser a submissão de todo o ensino de história a uma comissão internacional, que deveria produzir livros didáticos neutros, livres dos patriotismos tendenciosos que hoje se reclamam por toda parte.[2]

---

2 Recentemente, atingimos uma profundidade ainda mais baixa na distorção das mentes das crianças. As crianças estão sendo organizadas de modo a se tornarem instrumentos inocentes para o ódio e a crueldade que se querem implantar por meio do afeto paternal. Para se averiguar como isso está sendo levado a cabo, ver o *Teacher's World* de 5 de setembro de 1917. Em determinado dia, todo garoto e toda garota da escola devem escrever uma carta para um amigo que esteja em serviço. "Suas cartas devem levar aos destinatários uma saudação calorosa; um firme aperto de mão. As cartas não podem dizer, apenas,

Exatamente a mesma coisa se aplica à religião. As escolas elementares estão quase sempre nas mãos de alguma corporação religiosa ou de um Estado que tem determinada atitude com respeito à religião. Uma corporação religiosa existe pelo fato de todos os seus membros terem certas crenças definidas sobre assuntos cuja verdade é inverificável. Escolas dirigidas por corporações religiosas têm de prevenir que os jovens, curiosos por natureza, descubram que essas crenças definidas se confrontam com outras, não mais insensatas, e que muitos dos homens melhor qualificados para julgar acham que não há nenhuma evidência a favor de nenhuma crença definida. Quando o Estado é militante secular, como na França, as escolas estatais se tornam tão dogmáticas quanto as que estão nas mãos das Igrejas (ouvi dizer que a palavra "Deus" não pode ser mencionada nas escolas elementares francesas). Em todos esses casos, o resultado é o mesmo: a indagação livre é reprimida e, no que tange ao assunto mais importante do mundo, a criança recebe apenas o dogma ou um silêncio absoluto.

Esses males não existem somente na educação elementar. Na educação mais avançada, assumem formas mais sutis e há mais esforços para dissimulá-los, mas, mesmo assim, eles se fazem presentes. Eton e Oxford imprimem certa marca na

---

'como vai você?', e sim 'Você está vencendo! Estamos orgulhosos de você. Vamos passar por isso juntos. Todos estão ajudando', e assim por diante. Acima de tudo, as cartas precisam ser naturais... As crianças mais velhas devem escrever suas cartas inteiramente sozinhas. As mais novas devem ter o mínimo de ajuda possível. As muito novas podem mandar apenas uma ou duas linhas alegres, copiadas do que o professor escrever no quadro-negro."

mente de um homem, assim como um colégio jesuíta. Não se pode dizer que Eton e Oxford tenham um propósito *consciente*, mas têm um propósito que não é menos forte e eficaz por não ser formulado. Em quase todos os que passaram por lá, esses lugares geraram uma veneração pelas "boas maneiras" que é tão destrutiva para a vida e o pensamento quanto a Igreja medieval. As "boas maneiras" são bem compatíveis com uma mentalidade aberta superficial, uma prontidão para ouvir todos os lados e certa cortesia para com os opositores. Mas não é compatível com a mentalidade aberta fundamental, nem com uma prontidão interior para sopesar os outros lados. Sua essência é o pressuposto de que o mais importante é certo tipo de comportamento, um comportamento que minimize o atrito entre iguais e delicadamente imprima nos inferiores a convicção de sua própria rusticidade. Como arma política para preservar os privilégios dos ricos em uma democracia esnobe, são insuperáveis. Como meio de produzir um *milieu* social agradável para os que têm dinheiro e não têm nenhuma crença forte ou desejo invulgar, são de algum mérito. Sob todos os outros aspectos, são abomináveis.

Os males das "boas maneiras" emanam de duas fontes: sua absoluta segurança na própria integridade e sua crença de que os modos corretos são mais desejáveis do que o intelecto, a criação artística, a energia vital ou qualquer outra fonte de progresso no mundo. A absoluta segurança, por si só, já é suficiente para destruir todo o progresso mental naqueles que a têm. E, quando se combina com o desprezo pelas singularidades e esquisitices que quase invariavelmente se associam a um grande poder mental, torna-se fonte de destruição para todos os que entram em contato com ela. As "boas maneiras" são, em si mesmas, inúteis e incapazes de crescimento; e, pela sua atitude para com os que não as possuem, elas espalham sua própria inutilidade a muitos que, de outra forma, poderiam ter uma vida. É incalculável o prejuízo que elas vêm causando a ingleses abastados e aos homens cujas habilidades levaram os abastados a notá-los.

A repressão da livre indagação será inevitável enquanto o propósito da educação for produzir crenças ao invés de pensamento, enquanto o propósito for compelir os jovens a sustentar opiniões assertivas sobre assuntos duvidosos ao invés de deixá-los ver a dúvida e se sentir encorajados à independência da mente. A educação deve nutrir o desejo de verdade, não a convicção de que um credo em particular é a verdade. Mas são os credos o que mantém os homens unidos em organizações para a luta: Igrejas, Estados, partidos políticos. É a intensidade da crença em um credo o que produz a eficiência na luta: a vitória vem para quem sente a certeza mais forte sobre os assuntos nos quais a dúvida é a única atitude racional. Para produzir essa intensidade da crença e essa eficiência na luta, a natureza da criança é pervertida e seu modo de ver fica deformado pelo cultivo de inibições que são um obstáculo ao crescimento de novas ideias. Aqueles cujas mentes não são muito ativas apresentam como resultado a onipotência do preconceito; já aqueles cujo pensamento não pode ser de todo assassinado se tornam cínicos, intelectualmente desesperançados, destrutivamente críticos, capazes de fazer que tudo pareça tolo, incapazes de suprir os impulsos criativos que destroem nos outros.

O êxito na luta, quando alcançado pela supressão da liberdade de pensamento, é breve e sem valor. Em longo prazo, o vigor mental é tão essencial ao êxito quanto a uma vida boa. A concepção de educação como uma forma de adestramento, como um meio de produzir unanimidade a partir do servilismo, é muito comum e defendida, sobretudo, com o argumento de que ela leva à vitória. Aqueles que gostam de paralelos com a história antiga irão apontar a vitória de Esparta sobre Atenas para fortalecer o próprio moral. Mas foi Atenas que teve poder sobre o pensamento e a imaginação dos homens, não Esparta: se pudéssemos nascer de novo em alguma época passada, qualquer um de nós iria preferir ser ateniense a espartano. E, no mundo moderno, é tamanha a inteligência que se requer para a vida prática que até mesmo a vitória exterior se dará mais provavelmente pela inteligência do que pela obediência. A educação pela credulidade leva, em passos rápidos, à decadência mental; é somente mantendo vivo o espírito de livre indagação que se pode alcançar o mínimo de progresso indispensável.

Certos hábitos mentais são comumente instilados por aqueles que se engajam na educação: obediência, disciplina, impiedade na luta pelo sucesso mundano, desprezo pelos grupos adversários, uma inquestionável credulidade, uma aceitação passiva da sabedoria do professor. Todos esses hábitos vão contra a vida. Em vez de obediência e disciplina, deveríamos almejar a preservação da independência e do impulso. Em vez de impiedade, a educação deveria tentar desenvolver a justiça no pensamento. Em vez de desprezo, deveria inculcar a reverência e o esforço de compreensão; no que diz respeito à opinião dos outros, deveria gerar não necessariamente aquiescência, mas apenas aquela oposição combinada à apreensão imaginativa e ao claro entendimento dos fundamentos da oposição. Em vez de credulidade, o objetivo deveria ser estimular a dúvida construtiva, o amor à aventura mental, a sensação de mundos a conquistar pela ação e ousadia de pensamento. A satisfação com o *status quo* e a subordinação do aluno a fins políticos, ocasionadas pela indiferença às coisas da mente, são as causas imediatas desses males; mas, por trás dessas causas, há uma mais fundamental: o fato de a educação ser tratada como um meio de adquirir poder sobre o aluno, não como um meio de nutrir seu crescimento. É aqui que a falta de reverência se mostra; e é só com mais reverência que se poderá levar a cabo uma reforma fundamental.

Obediência e disciplina são, supostamente, indispensáveis para manter a ordem em uma classe ou para dar alguma instrução. Até certa medida, isso é verdade; mas a medida é muito menor do que pensam aqueles que veem a obediência e a disciplina como desejáveis em si mesmas. A obediência, submissão da vontade a uma ordem externa, é o complemento da autoridade. Ambas podem ser necessárias em certos casos. Crianças indóceis, lunáticos e criminosos podem precisar de autoridade e ser forçados a obedecer. Mas, quando isso se faz necessário, é uma desgraça: o desejável é a livre escolha de fins, na qual não se precisa interferir. E reformadores educacionais têm demonstrado que isso é muito mais possível do que nossos pais jamais poderiam imaginar.[3]

O que faz a obediência parecer necessária nas escolas são as classes grandes e os professores sobrecarregados, demandas

---

[3] É quase milagroso o que madame Montessori conseguiu na maneira de minimizar a obediência e a disciplina, com vantagem para a educação.

de uma falsa economia. Quem não tem experiência de ensino é incapaz de imaginar o desgaste de espírito acarretado por uma instrução ativa de verdade. Acha que os professores podem muito bem trabalhar tantas horas quanto os funcionários de banco. Fadiga intensa e nervos irritáveis são o resultado, além de uma absoluta necessidade de desempenhar a tarefa diária mecanicamente. Mas só é possível realizar a tarefa diária mecanicamente com a imposição da obediência.

Se levássemos a educação a sério e achássemos que ela é tão importante para manter vivas as mentes das crianças quanto para garantir a vitória na guerra, iríamos conduzi-la de um jeito bem diferente: iríamos nos assegurar do cumprimento do objetivo, mesmo se o custo fosse cem vezes maior do que é hoje. Para muitos homens e mulheres, uma pequena quantidade de docência já é um deleite e pode ser feita com o entusiasmo renovado que mantém o interesse dos alunos, sem nenhuma necessidade de disciplina. Os poucos que não se interessarem poderão ser separados do resto e receber um tipo diferente de instrução. Um professor deve ter somente o tanto de atividade docente que puder realizar, na maior parte dos dias, com verdadeiro prazer no trabalho e com boa noção das necessidades mentais dos alunos. O resultado seria uma relação de amizade, e não de hostilidade, entre professor e aluno, uma compreensão por parte da maioria dos alunos de que a educação serve para desenvolver suas próprias vidas e não é somente uma imposição externa, interferindo nas brincadeiras e exigindo que fiquem muitas horas sentados e quietos. Tudo o que se faz necessário para esse fim é aumentar o dispêndio de dinheiro e garantir que os professores tenham mais lazer e um amor natural pelo ensino.

A disciplina, tal como existe nas escolas, é, em grande medida, um mal. Há, no entanto, um tipo de disciplina que é necessário a quase toda realização e que talvez não seja suficientemente valorizado por quem reage contra a disciplina puramente externa dos métodos tradicionais. O tipo desejável de disciplina é o que vem de dentro, que consiste no poder de perseguir um objeto distante com perseverança, renunciando e sofrendo muitas coisas no caminho. Isso implica a subordinação dos impulsos menores à vontade, o poder de direcionar a ação por meio de grandes desejos criativos, até mesmo nos momentos em que eles não estejam vívidos. Sem isso, não se poderá realizar nenhuma ambição séria, nem boa nem ruim, e nenhum propósito consistente poderá predominar. Esse tipo de disciplina é muito necessário, mas só pode resultar de desejos fortes por finalidades não imediatamente alcançáveis e só pode ser produzido pela educação se a educação nutrir tais desejos, o que é raro nos dias de hoje. Tal disciplina surge da própria vontade de cada um, não de uma autoridade externa. Não é esse tipo a que se aspira na maioria das escolas e não é esse tipo que me parece um mal.

Embora a educação elementar encoraje a disciplina indesejável, que consiste na obediência passiva, e embora quase não exista educação que encoraje a disciplina moral de autonomia consistente, há certo tipo de disciplina puramente moral que é produzida pela educação superior tradicional. Estou me referindo ao tipo que permite a um homem concentrar seus pensamentos, como bem entender, em qualquer assunto que venha a considerar, a despeito das preocupações, do tédio ou da dificuldade intelectual. Essa qualidade, embora não tenha qualquer excelência intrínseca importante, aumenta muito a eficiência da mente como instrumento. É ela que permite a um advogado dominar os detalhes científicos de um caso de patentes, dos quais se esquecerá assim que vier o veredito, ou a um servidor público lidar prontamente com várias questões administrativas em sequência. É ela que permite aos homens se esquecerem de suas preocupações pessoais durante as horas de trabalho. Em um mundo complicado, é uma faculdade extremamente necessária para aqueles cujo trabalho exige concentração mental.

O êxito na produção da disciplina mental é o principal mérito da educação superior tradicional. Duvido de que possa ser conseguida de outro modo que não obrigando ou convencendo a atenção ativa a uma tarefa predeterminada. É, sobretudo, por essa razão que não acredito na aplicação de métodos como os da madame Montessori depois de passada a idade infantil. A essência de seu método consiste em dar uma opção entre ocupações, todas instrutivas e interessantes à maioria das crianças. A atenção da criança é totalmente espontânea, como o é durante a brincadeira; ela se diverte adquirindo conhecimentos e não adquire nenhum conhecimento que não deseje. Estou convencido de que esse é o melhor método de educação para crianças pequenas: os resultados fazem que seja quase impossível pensar de outra maneira. Mas é difícil ver como esse método poderia levar ao controle da atenção pela vontade. Muitas coisas sobre as quais se deve pensar são desinteressantes, e até mesmo as que, a princípio, são interessantes se tornam, muitas vezes, bastante aborrecidas antes que se possa considerá-las pelo tempo necessário. A capacidade de conferir atenção prolongada é muito importante e difícil de ser adquirida senão como hábito induzido originalmente por uma pressão externa. É verdade que algumas poucas crianças têm desejos intelectuais fortes o bastante para quererem suportar tudo o que é necessário por sua própria iniciativa e livre vontade; mas, para todas as outras, uma indução externa se faz necessária a fim de fazê-las aprender qualquer assunto minuciosamente. Há, entre os reformadores educacionais, certo temor de exigir grandes esforços e, no mundo em geral, uma crescente má vontade em ser aborrecido. Ambas as tendências têm seu lado bom, mas também têm seus perigos. A disciplina mental, sob ameaça, pode ser preservada por um simples conselho, sem imposição externa, sempre que a ambição intelectual de um garoto puder ser suficientemente estimulada. Um bom professor deve ser apto a fazer isso por qualquer criança capaz de grande realização mental; e, para as muitas outras, é provável que a educação meramente livresca dos dias de hoje não seja a melhor. Nesse sentido, desde que se perceba a importância da disciplina mental, ela provavelmente poderá ser alcançada, sempre que for alcançável, por meio de um apelo à consciência do aluno sobre suas próprias necessidades. Enquanto não se tiver a expectativa de que os professores obtenham êxito nesse método, não lhes será difícil cair em uma apatia indolente e culpar os alunos por uma falha que é sua própria.

Enquanto a estrutura econômica da sociedade não se modificar, a impiedade da luta econômica continuará, quase inevitavelmente, a ser ensinada nas escolas. Será esse o caso particularmente nas escolas de classe média, que, para manter as contas em dia, dependem da boa opinião dos pais e que garantem a boa opinião dos pais ao propagandear os êxitos dos alunos. Esse é um dos muitos modos pelos quais a organização competitiva do Estado é prejudicial. O desejo espontâneo e desinteressado pelo conhecimento não é de todo incomum nos jovens e pode ser facilmente estimulado em muitos nos quais permanece latente. Mas é implacavelmente reprimido por professores que só pensam em exames, diplomas e títulos. Para as crianças mais aptas, não há tempo para o pensamento, não há tempo para a satisfação do gosto intelectual, desde o primeiro dia de escola até o momento de sair da universidade. Do começo ao fim, não há nada além de uma longa labuta entre preparações para exames e dados de livros didáticos. No fim das contas, os mais inteligentes ficam enojados com os estudos, querendo apenas esquecer e escapar para uma vida de ação. Mas, mesmo ali, assim como antes, a máquina econômica os mantém prisioneiros, e todos os seus desejos espontâneos são oprimidos e frustrados.

O sistema de exames e o fato de a instrução ser tratada, acima de tudo, como um treino para a vida levam os jovens a enxergar o conhecimento de um ponto de vista meramente utilitário, como um caminho para o dinheiro, não como uma porta para a sabedoria. Isso não teria muita importância se afetasse apenas aqueles que não têm interesses intelectuais genuínos. Mas, infelizmente, afeta, sobretudo, aqueles cujos interesses intelectuais são mais fortes, pois é sobre eles que a pressão dos exames cai com mais severidade. Especialmente para eles, mas, em certo grau, para todos os outros, a educação parece um meio de adquirir superioridade sobre os demais; ela está cada vez mais infectada pela impiedade e pela glorificação da desigualdade social. Toda e qualquer consideração livre e desinteressada demonstra que, sejam quais forem as desigualdades que possam permanecer em uma utopia, as desigualdades atuais são quase totalmente contrárias à justiça. Mas nosso sistema educacional tende a ocultar esse fato a todos, exceto aos fracassados, uma vez que os bem-sucedidos estão em condições de lucrar com as desigualdades, recebendo todo o incentivo dos homens que dirigiram sua educação.

A aceitação passiva da sabedoria do professor é fácil para a maioria dos garotos e garotas. Não implica nenhum esforço de pensamento independente e parece racional, porque o professor sabe mais do que os alunos; além disso, é uma maneira de ganhar a preferência do professor, a menos que ele seja um homem muito excepcional. Mesmo assim, o hábito da aceitação passiva será desastroso para a vida futura. É esse hábito que faz os homens procurarem um líder e aceitarem como líder quem quer que se estabeleça em tal posição. É ele que constrói o poder de igrejas, governos, bancadas partidárias e todas as outras organizações pelas quais os homens comuns são iludidos a apoiar sistemas antigos e prejudiciais à nação e a si próprios. É possível que não houvesse muita independência de pensamento, mesmo se a educação fizesse de tudo para promovê-la; mas certamente haveria mais do que hoje. Se o objetivo fosse fazer os alunos pensarem, em vez de fazê-los aceitar determinadas conclusões, a educação seria conduzida de um jeito bem diferente: haveria menos pressa na instrução e mais discussão, mais ocasiões para encorajar os alunos a se expressarem, mais tentativas de fazer a educação se ocupar de assuntos pelos quais os alunos sentissem algum interesse.

Haveria, acima de tudo, empenho em aumentar e estimular o amor à aventura mental. O mundo em que vivemos é vário e impressionante: algumas das coisas que parecem as mais simples ficam cada vez mais complexas quanto mais as examinamos; outras coisas, que poderiam parecer quase impossíveis de se descobrirem, já foram esclarecidas pela genialidade e pela indústria. Os poderes do pensamento, as vastas regiões que ele pode dominar, as regiões muito mais vastas que ele pode apenas vagamente sugerir à imaginação, dão àqueles cujas mentes viajaram para além do ordinário uma incrível riqueza de material, uma fuga da trivialidade e do fastio da rotina – e assim toda a vida se enche de interesse e se derrubam os muros da prisão do lugar-comum. O mesmo amor à aventura que arrasta homens ao Polo Sul, a mesma paixão por uma prova de força conclusiva que leva homens a saudar a guerra, pode encontrar, no pensamento criativo, um canal de manifestação que não é nem desperdiçado, nem cruel e que aumenta a dignidade do homem ao encarnar na vida um pouco do esplendor brilhante que o espírito humano arrebata ao desconhecido. Dar essa alegria, em maior ou menor medida, a todos os que dela são capazes, é a finalidade suprema pela qual se deve valorar a educação da mente.

Talvez se diga que a alegria da aventura mental é rara, que poucos podem apreciá-la e que a educação ordinária não pode dar conta de um bem tão aristocrático. Não acredito nisso. A alegria da aventura mental é muito mais comum nos jovens do que nos homens e nas mulheres. É muito comum entre as crianças e cresce naturalmente na fase do faz de conta e da fantasia. É rara na vida adulta porque se faz de tudo para matá-la durante a educação. Os homens temem o pensamento mais do que a qualquer outra coisa no mundo – mais do que a ruína, mais até do que a morte. O pensamento é subversivo e revolucionário, destrutivo e terrível; o pensamento é implacável com o privilégio, com as instituições estabelecidas e com os hábitos confortáveis; o pensamento é anárquico e sem lei, indiferente à autoridade, negligente para com a sabedoria comprovada dos tempos. O pensamento olha para o fundo do inferno e não sente medo. Vê o homem, esse grão insignificante, cercado por insondáveis profundezas de silêncio; mesmo assim, aguenta orgulhosamente, impassível, como se fosse o senhor do universo. O pensamento é grandioso, veloz e livre, a luz do mundo e a glória máxima do homem.

Mas, se quisermos fazer que o pensamento seja propriedade de muitos, e não privilégio de poucos, precisamos nos livrar do medo. É o medo que detém os homens — medo de que suas estimadas crenças se provem ilusórias, medo de que as instituições pelas quais vivem se provem prejudiciais, medo de que eles próprios se provem menos dignos de respeito do que supunham. "Será que o trabalhador deveria pensar livremente a respeito do trabalho? Mas, então, o que seria de nós, os ricos? Será que os rapazes e as moças deveriam pensar livremente a respeito do sexo? Mas, então, o que seria da moralidade? Será que os soldados deveriam pensar livremente a respeito da guerra? Mas, então, o que seria da disciplina militar? Abaixo ao pensamento! Vamos voltar às trevas do preconceito, para que a propriedade, a moral e a guerra não sejam ameaçadas! É bem melhor que os homens sejam estúpidos, ociosos e opressivos do que tenham o pensamento livre. Porque, se seus pensamentos forem livres, eles poderão pensar diferente de como nós pensamos. E esse desastre deve ser evitado a todo custo." É assim que os adversários do pensamento argumentam nas profundezas inconscientes de suas almas. E é assim que eles agem em suas igrejas, em suas escolas, em suas universidades.

Não há instituição inspirada pelo medo que possa promover a vida. A esperança, e não o medo, é o princípio criativo das coisas humanas. Tudo o que fez grande o homem surgiu da tentativa de assegurar o que é bom, não da luta para evitar o que se julgava ruim. A educação moderna raramente consegue um grande resultado porque raramente se inspira pela esperança. O anseio de preservar o passado, em vez da esperança de criar o futuro, domina as mentes de quem controla o ensino da juventude. A educação não deve visar a uma consciência passiva de fatos mortos, mas sim a uma atividade direcionada para o mundo que vamos criar com nossos próprios esforços. A educação deveria se inspirar não pelo anseio saudoso das belezas extintas da Grécia e da Renascença, mas pela visão brilhante da sociedade que está por vir, dos triunfos que o pensamento vai alcançar no futuro e do horizonte cada vez mais amplo que o homem vê no universo. Quem aprende dentro desse espírito ficará cheio de vida, esperança e alegria, apto a cumprir seu papel para trazer à humanidade um futuro menos sombrio que o passado, com fé na glória que o esforço humano pode criar.

6.
O casamento e a questão populacional

A influência da religião cristã sobre a vida cotidiana decaiu muito rapidamente por toda a Europa nos últimos cem anos. Além de a proporção de crentes nominais ter declinado, também diminuiu consideravelmente a intensidade e o dogmatismo, até mesmo entre os que creem. Mas ainda existe uma instituição social que continua profundamente afetada pela tradição cristã – estou me referindo à instituição do casamento. No que diz respeito a essa instituição, a lei e a opinião pública são até hoje dominadas, em grande medida, pelos ensinamentos da Igreja, que, dessa maneira, continua a influenciar as vidas de homens, mulheres e crianças em seus aspectos mais íntimos.

É o casamento enquanto instituição política que quero examinar, não o casamento como tema da moralidade privada de cada indivíduo. O casamento é regulado pela lei e visto como um assunto no qual a comunidade tem o direito de interferir. É somente a ação da comunidade diante do casamento que pretendo discutir aqui: se a ação atual promove a vida da comunidade e, caso contrário, de que modo poderia ser transformada.

É preciso fazer duas perguntas no que diz respeito a qualquer sistema de casamento: primeira, de que modo afeta o desenvolvimento e o caráter dos homens e das mulheres envolvidas; segunda, qual é sua influência sobre a reprodução e a educação das crianças. Essas duas perguntas são totalmente distintas, e um sistema pode muito bem ser desejável sob um desses pontos de vista e bastante indesejável sob o outro. Proponho, em primeiro lugar, descrever a lei, a opinião pública e a prática do que diz respeito à relação entre os sexos na Inglaterra atual. Depois, vou considerar seus efeitos no que tange aos filhos. E, por fim, irei examinar como esses efeitos, que são ruins, poderiam ser evitados por um sistema que teria também uma melhor influência sobre o caráter e o desenvolvimento de homens e mulheres.

A lei inglesa se baseia na expectativa de que a grande maioria dos casamentos será para a vida toda. Um casamento só pode ser dissolvido caso se consiga provar que o marido ou a mulher, mas não ambos, cometeu adultério. Se o marido for a "parte culpada", também será culpado por crueldade e abandono. Mesmo quando se observam essas condições, na prática só os abastados podem se divorciar, porque as despesas são muito altas.[1] Um casamento não pode ser dissolvido por demência ou crime, nem por crueldade, ainda que abominável, nem por abandono, nem por adultério de ambas as partes; e não pode ser dissolvido por qualquer outra causa, mesmo que marido e mulher concordem no desejo de dissolvê-lo.

---

1 Havia uma cláusula para processos *in forma pauperis*, mas, por várias razões, essa cláusula era quase inútil; uma cláusula nova e, de certo modo, melhor foi criada recentemente, mas ainda está muito longe de ser satisfatória.

Por que os homens vão à guerra

Em todos esses casos, a lei encara marido e mulher juntos por toda a vida. Um funcionário especial, o procurador do rei, é encarregado de prevenir o divórcio nos casos em que há consentimento mútuo ou quando ambas as partes cometeram adultério.[2]

---

2 A seguinte carta (*New Statesman*, 4 de dezembro de 1915) ilustra algumas de suas atividades:

Divórcio e Guerra
Para o editor do *New Statesman*

Senhor, os episódios que se seguem podem ser de interesse de seus leitores. Com as novas facilidades para o divórcio oferecidas aos pobres de Londres, uma mulher pobre obteve, recentemente, uma sentença provisória de divórcio contra o marido, que, com frequência, cobria seu corpo de machucados, infectara-a com uma doença perigosa e cometera bigamia. Nesse casamento bígamo, o marido tinha dez filhos ilegítimos. Com o intuito de evitar que essa sentença se tornasse definitiva, o Tesouro despendeu pelo menos 200 libras dos impostos para convocar um *leading counsel* e um eminente *junior counsel* e para trazer cerca de dez testemunhas de uma cidade a mais de 160 quilômetros de distância, na intenção de provar que a mulher cometera atos ocasionais de adultério em 1895 e 1898. O resultado líquido é que, provavelmente, essa mulher será forçada, por privação, a cometer novos adultérios e que o marido estará apto a tratar sua amante exatamente como tratou sua mulher, permanecendo impune, no que concerne à doença. Em quase todos os outros países civilizados, o casamento seria dissolvido, as crianças poderiam ser legitimadas por casamento subsequente e os advogados pagos pelo Tesouro não teriam recebido os altos honorários que receberam da comunidade, por uma tarefa que à maioria dos outros advogados parece absolutamente antissocial em seus efeitos. Se algum advogado realmente pensa que a sociedade se beneficia com esse tipo de processo, por que não presta seus serviços gratuitamente, como o fizeram os advogados que auxiliaram a esposa? Se devemos praticar a economia em tempos de guerra, por que o procurador do rei não

Esse curioso sistema incorpora as opiniões sustentadas pela Igreja Anglicana há uns cinquenta anos e pela maioria dos não conformistas de então e de hoje. O pressuposto é de que o adultério é pecado, e, quando esse pecado foi cometido por uma das partes do casal, a outra tem direito de se vingar, se for rica. Mas, quando ambas as partes cometeram o mesmo pecado, ou quando a parte que não o cometeu não sente a raiva

---

se contenta com um *junior counsel* apenas? Permanece o fato de que muitas pessoas na mesma situação que o marido e a mulher em questão preferem evitar filhos ilegítimos e, consequentemente, a taxa de natalidade sofre.

O segundo episódio é o seguinte. O sr. A obteve um divórcio contra a sra. A e o sr. B. O sr. B era casado, e a sra. B., ao saber do processo de divórcio, obteve uma sentença provisória de divórcio contra o sr. B. O sr. B está sujeito a ser chamado para o *front* a qualquer momento, mas a sra. B se recusou, por alguns meses, a tornar definitiva a sentença provisória, e isso o impede de se casar com a sra. A, como julga ser seu dever. A lei, contudo, permite a qualquer requerente, homem ou mulher, obter uma sentença provisória de divórcio e se recusar a torná-la definitiva por motivos que são, provavelmente, desonrosos. Os *Divorce Law Commissioners* [Comissários da Lei do Divórcio] condenam veementemente esse estado de coisas, e a dificuldade da questão se agrava imensamente em tempos de guerra, pois a guerra deu origem a muitos casos de bigamia, devido ao desejo cavalheiresco de nossos soldados de obter para a esposa e a família *de facto* a pensão concedida pelo Estado às famílias dos convocados. A esposa legal se encontra, muitas vezes, unida a outro homem por laços semelhantes. Recomendo esses fatos à consideração de suas colunas, tendo em conta suas frequentes queixas acerca da queda na taxa de natalidade. A iniquidade de nossas leis relativas ao casamento é uma causa que contribui com importância para a queda em questão. Cordialmente,

E. S. P. HAYNES
29 de novembro

justa, o direito de vingança inexiste. Assim que se compreende esse ponto de vista, a lei, que, a princípio, parece um tanto estranha, torna-se perfeitamente coerente. Ela se fundamenta, de modo geral, em quatro proposições: (1) o intercurso sexual fora do casamento é pecado; (2) o ressentimento da parte "inocente" com o adultério é um justo horror à transgressão; (3) esse ressentimento, e nada mais que ele, pode ser justamente encarado como algo que impossibilita a vida conjugal; (4) os pobres não têm direito a sentimentos refinados. A Igreja Anglicana, sob a influência da High Church,[3] deixou de acreditar na terceira proposição, mas ainda acredita na primeira e na segunda e não faz nada para mostrar que não acredita na quarta.

A penalidade pela infração da lei do casamento é, em parte, financeira, mas depende, sobretudo, da opinião pública. Apenas uma parcela bem pequena da população acredita genuinamente que sejam malévolas as relações sexuais fora do casamento; essas pessoas se mantêm, naturalmente, na ignorância da conduta dos amigos que têm opinião diversa e são capazes de passar a vida sem saber como os outros vivem e o que pensam. Essa pequena parcela da população julga depravadas não apenas as ações, mas também as opiniões contrárias a seus princípios. É capaz de controlar as declarações dos políticos, com sua influência nas eleições, e também os votos da Câmara dos Lordes, com a presença dos bispos. Por esses meios, ela governa a legislação e torna quase impossível

---

3 Movimento interno da Igreja Anglicana que enfatiza a continuidade com o catolicismo, a autoridade dos bispos, a importância dos sacramentos e a resistência à modernização. (N. T.)

qualquer mudança na lei do casamento. Ela também é capaz de garantir, na maioria dos casos, que um homem que infringe abertamente a lei do casamento seja demitido do emprego ou arruinado pelo abandono de seus fregueses ou clientes. Um médico, um advogado ou um comerciante de uma cidade do interior não podem ganhar a vida, nem um político pode ficar no Parlamento, se é publicamente sabido "imoral". Qualquer que seja a conduta de um homem, é pouco provável que venha a defender publicamente aqueles que foram estigmatizados sem que um pouco do ódio recaia sobre ele. Ainda assim, enquanto um homem não for estigmatizado, poucos terão objeção a ele, mesmo que saibam, na intimidade, de seu comportamento nesses aspectos.

Devido à sua natureza, a pena cai de forma muito desigual sobre diferentes profissões. Um ator ou um jornalista normalmente escapam de qualquer punição. Um trabalhador urbano quase sempre pode fazer o que bem quiser. Um homem de bens próprios não precisa sofrer, desde que não queira participar da vida pública e tenha escolhido bem os amigos. As mulheres, que antes sofriam mais que os homens, agora sofrem menos, pois existem grandes círculos em que nenhuma penalidade lhes é aplicada, e um número cada vez maior de mulheres deixa de acreditar nos códigos convencionais. Mas, para a maioria dos homens fora das classes trabalhadoras, a penalidade ainda é severa o bastante para ser proibitiva.

O resultado desse estado de coisas é uma hipocrisia bastante difundida mas muito frágil, que admite muitas infrações do código e proíbe apenas aquelas que podem se tornar públicas. Um homem não pode viver abertamente com uma mulher que não seja sua esposa, uma mulher solteira não pode ter filhos, nenhum homem ou mulher pode recorrer ao tribunal do divórcio. Mas, na prática, há uma liberdade muito grande debaixo dessas restrições. E é essa liberdade prática que faz o estado da lei parecer tolerável àqueles que não aceitam os princípios nos quais ela se baseia. O que se sacrifica para agradar aos mantenedores das perspectivas estreitas não é o prazer, mas apenas os filhos, e a vida em comum, e a verdade, e a honestidade. Não se pode supor que esse seja o resultado desejado por quem mantém o código, mas também não se pode negar que é o resultado a que se chega, de fato. As relações extramatrimoniais que não geram filhos e se acompanham por certa dose de trapaça permanecem impunes, mas penalidades severas caem sobre as que são honestas e geram filhos.

Dentro do casamento, as despesas com os filhos limitam cada vez mais o tamanho das famílias. A limitação é maior entre os que têm mais senso de responsabilidade paterna e querem educar bem seus filhos, pois é a eles que as despesas com as crianças são mais graves. Mas, embora o motivo econômico para a limitação da prole provavelmente tenha sido, até agora, o mais forte, é continuamente reforçado por um outro motivo. As mulheres estão ganhando liberdade – não apenas liberdade externa e formal, mas liberdade interna, que lhes permite pensar e sentir de modo autêntico, e não de acordo com as máximas impostas. Aos homens que peroram arrogantemente sobre os instintos naturais das mulheres, o resultado seria uma surpresa, se tomassem consciência dele. Um número muito grande de mulheres, quando elas são suficientemente livres para pensar por si mesmas, não deseja ter filhos, ou, pelo menos, deseja ter apenas um, para não perder a experiência que vem com a criança. Há mulheres inteligentes e ativas que recusam a escravidão do corpo implicada na gravidez. Há mulheres ambiciosas que desejam uma carreira que não deixa tempo livre para os filhos. Há mulheres que amam o prazer e a alegria, há mulheres que amam a admiração dos homens; tais mulheres irão, no mínimo, postergar a maternidade para quando a juventude tiver passado. Todos esses tipos de mulheres estão rapidamente se tornando mais numerosos, e talvez se possa dizer, com segurança, que os números vão continuar a crescer durante muitos anos.

Ainda é cedo para julgar com alguma segurança os efeitos da liberdade das mulheres sobre a vida privada e a vida da nação. Mas acho que não é cedo para ver que serão profundamente distintos dos efeitos esperados pelas pioneiras do movimento feminista. Os homens inventaram – e as mulheres, no passado, muitas vezes aceitaram – a teoria de que são elas as guardiãs da raça, de que sua vida deve se centrar na maternidade, de que todos seus instintos e desejos se direcionam, consciente ou inconscientemente, para essa finalidade. A Natacha de Tolstoi ilustra essa teoria: ela é encantadora, alegre, suscetível à paixão, até que se casa; e, então, ela se torna apenas uma mãe virtuosa, sem qualquer vida mental. Esse resultado conta com a aprovação integral de Tolstoi. É necessário admitir que isso é muito desejável a partir do ponto de vista da nação, independente do que pensemos sobre o assunto em relação à vida privada. Também é necessário admitir que talvez seja mais comum entre mulheres fisicamente vigorosas e não muito civilizadas. Mas, em países como a França e a Inglaterra, está começando a ficar mais e mais raro. Cada vez mais mulheres consideram a maternidade insatisfatória, algo que não corresponde às exigências de suas necessidades. E cada vez mais surge um conflito entre seu desenvolvimento pessoal e o futuro da comunidade. É difícil saber o que precisa ser feito para mitigar esse conflito, mas acho que vale a pena ver quais serão seus prováveis efeitos, caso o conflito não seja mitigado.

Devido à combinação de prudência econômica com o aumento da liberdade das mulheres, existe, atualmente, uma taxa de natalidade seletiva de um tipo muito singular.[4] Na França, a população está praticamente estacionária e, na Inglaterra, está se encaminhando muito rápido para essa situação. Isso significa que alguns setores estão encolhendo, enquanto outros estão crescendo. A menos que ocorra alguma mudança, os setores que estão encolhendo vão se tornar praticamente extintos, e a população será quase inteiramente reconstituída pelos setores que estão crescendo agora.[5] Os setores que estão encolhendo incluem toda a classe média e os trabalhadores

---

4 O sr. Sidney Webb fornece alguns dados interessantes em duas cartas para o *Times*, de 11 e 16 de outubro de 1906; há também um panfleto da Fabian Society sobre o assunto: "The Decline in the Birth-Rate" [O declínio da taxa de natalidade], de Sidney Webb (n.131). Informações suplementares podem ser encontradas em "The Declining Birth-Rate: Its National and International Significance" [O declínio da taxa de natalidade: seu significado nacional e internacional], de A. Newsholme, doutor em Medicina e membro do Royal College of Surgeons (Cassell, 1911).

5 A queda na taxa de mortalidade e, em especial, de mortalidade infantil, as quais ocorreram concomitantemente com a queda na taxa de natalidade, tem sido, até agora, grande o bastante para permitir que a população da Grã-Bretanha continue crescendo. Mas há limites óbvios para a queda na taxa de mortalidade, ao passo que a taxa de natalidade pode facilmente cair até um ponto que torne inevitável a diminuição real dos dados demográficos.

qualificados. Os setores que estão crescendo são dos muito pobres, dos bêbados e ineptos, dos parvos — mulheres com menos instrução não raro são bastante prolíficas. Há um aumento naqueles setores da população que ainda acreditam ativamente na religião católica, como os irlandeses e os bretões, porque a religião católica proíbe a limitação do tamanho das famílias. Dentro das classes que estão encolhendo, são os melhores elementos que encolhem mais rápido. Os rapazes da classe trabalhadora dotados de competência excepcional ascendem, por meio do estudo, à classe dos profissionais; naturalmente, desejam se casar dentro da classe a que pertencem por educação, e não dentro da classe da qual provêm; mas, como não têm dinheiro além do que ganham, não conseguem se casar ainda jovens e nem sustentar uma família grande. O resultado é que, a cada geração, os melhores elementos são extraídos das classes trabalhadoras e são artificialmente esterilizados, pelo menos em comparação com aqueles que lá permanecem. Nas classes profissionais, as jovens que têm iniciativa, energia ou inteligência não estão, em regra, inclinadas a casar ainda jovens, nem a ter mais de um ou dois filhos quando enfim se casam. O casamento era, no passado, o único meio de vida óbvio para as mulheres; a pressão dos pais se combinava com o medo de virar uma solteirona para forçar muitas mulheres a se casarem, a despeito da completa falta de inclinação para os deveres de esposa. Mas, hoje, uma jovem de inteligência comum pode facilmente ganhar a vida e adquirir liberdade e experiência sem os laços permanentes do marido e dos filhos. O resultado é que se casa mais tarde, quando se casa.

Por esses motivos, se tomássemos uma amostra média de crianças inglesas e examinássemos seus pais, descobriríamos que a prudência, a energia, o intelecto e a ilustração são menos comuns entre os pais do que entre a população em geral; ao passo que a inépcia, a debilidade mental, a estupidez e a superstição são mais comuns do que na população em geral. Descobriríamos que os prudentes, enérgicos, inteligentes e ilustrados não se reproduzem nem sequer para manter a própria quantidade: isto é, não têm, em média, mais do que dois filhos que venham a sobreviver à infância. Por outro lado, os que apresentam as qualidades opostas têm, em média, mais do que dois filhos cada e se reproduzem de modo a aumentar a própria quantidade.

Não é possível calcular o efeito que isso terá sobre o caráter da população sem um conhecimento sobre a hereditariedade muito maior do que se tem hoje. Mas, enquanto as crianças continuarem a viver com seus pais, o exemplo paterno e a primeira educação terão grande influência no desenvolvimento do caráter, mesmo se deixarmos a hereditariedade totalmente de fora. O que quer que se pense a respeito do gênio, não há dúvidas de que a inteligência, seja por hereditariedade, seja por educação, tende a passar através das famílias e de que a decadência das famílias nas quais é mais comum irá baixar o padrão mental da população. Parece inquestionável que, se nosso sistema econômico e nossos padrões morais permanecerem os mesmos, haverá, nas próximas duas ou três gerações, uma mudança rápida e para pior no caráter da população de todos os países civilizados e uma diminuição efetiva na quantidade de pessoas nos países mais civilizados.

Essa diminuição, muito provavelmente, irá se corrigir ao longo do tempo com a eliminação das características que hoje ocasionam a baixa taxa de natalidade. Os homens e mulheres que ainda conseguem acreditar na fé católica terão uma vantagem biológica; aos poucos, irá crescer uma raça que será impermeável a todos os assaltos da razão e que acreditará imperturbavelmente que a limitação da prole leva ao fogo do inferno. As mulheres que têm interesses mentais, que se preocupam com arte, literatura ou política, que almejam uma carreira ou que valorizam a própria liberdade, irão se tornar, aos poucos, mais raras e serão cada vez mais substituídas por um tipo maternal e plácido que não se interessa por nada além do lar e não desgosta do fardo da maternidade. Esse resultado, que séculos de dominação masculina tentaram, em vão, alcançar, será, provavelmente, a consequência final da emancipação das mulheres e de sua tentativa de entrar em uma esfera mais ampla do que aquela à qual o ciúme dos homens as confinara no passado.

Se os fatos pudessem ser averiguados, talvez se pudesse descobrir que algo do mesmo tipo ocorreu no Império Romano. O declínio da energia e da inteligência durante o segundo, o terceiro e o quarto séculos de nossa era sempre se manteve mais ou menos misterioso. Mas há razões para pensar que, naquela época, assim como agora, os melhores elementos da população deixavam de se reproduzir a cada geração e que, por via de regra, coube aos menos vigorosos a continuação da raça. Há quem possa se sentir tentado a supor que, quando alcança certa dimensão, a civilização se torna insustentável e tende a declinar por alguma fraqueza inerente, alguma incapacidade de adaptar a vida do instinto à intensa vida mental de um período de alta cultura. Mas essas teorias vagas têm sempre algo de simplista ou supersticioso que a tornam inválidas como explicações científicas ou guias para a ação. Não é por meio de uma formulação literária que se encontrará a solução verdadeira, mas sim por um pensamento complexo e detalhado.

Em primeiro lugar, vamos deixar bem claro o que queremos. O crescimento de uma população não tem nenhuma importância; ao contrário, se a população europeia fosse estacionária, seria muito mais fácil promover reformas econômicas e evitar a guerra. O lamentável, *atualmente*, não é o declínio da taxa de natalidade em si, mas o fato de o declínio ser maior entre os melhores elementos da população. Há, entretanto, razão para se temer três resultados ruins no futuro: primeiro, um declínio absoluto na quantidade de ingleses, franceses e alemães; segundo, em consequência desse declínio, sua submissão a raças menos civilizadas e a extinção de suas tradições; terceiro, um novo crescimento de sua quantidade em um nível muito mais baixo de civilização, depois de gerações de seleção entre aqueles que não têm nem inteligência nem perspectiva. Se quisermos evitar esses resultados, devemos, de algum modo, cessar a seletividade infeliz da atual taxa de natalidade.

Esse mesmo problema se aplica a toda a civilização ocidental. Não é difícil descobrir uma solução teórica, mas será bastante difícil persuadir os homens a adotar uma solução prática, porque os efeitos a temer não são imediatos e o tema é daqueles nos quais as pessoas não têm o hábito de usar a razão. Se uma solução racional vier a ser adotada, será, provavelmente, por causa da rivalidade internacional. É óbvio que, se um Estado – digamos, a Alemanha – adotasse um meio racional de lidar com o assunto, teria enorme vantagem sobre os outros Estados, a menos que estes fizessem o mesmo. É possível que, depois da guerra, as questões populacionais venham a atrair mais atenção do que antes, e é provável sejam estudadas do ponto de vista da rivalidade internacional. Esse motivo, diferentemente da razão e da humanidade, talvez seja forte o bastante para superar as objeções dos homens à abordagem científica da taxa de natalidade.

No passado, em quase todos os períodos e sociedades, os instintos dos homens e das mulheres levaram, por si sós, a uma taxa de natalidade mais que suficiente; as afirmações de Malthus sobre a questão populacional eram bastante verdadeiras para o tempo em que ele escreveu. Ainda são verdadeiras para as raças bárbaras e semicivilizadas e para os piores elementos dentro das raças civilizadas. Mas se tornaram falsas em relação à parte mais civilizada da população da Europa ocidental e da América. Nessa parte, o instinto já não é suficiente para manter a quantidade de indivíduos nem sequer estacionária.

Podemos resumir as razões para tal fato, em ordem de importância, da seguinte maneira:

1. Quando os pais são conscienciosos, a despesa com os filhos é muito alta.
2. Um número crescente de mulheres não quer ter filhos, ou quer ter apenas um ou dois, para não serem prejudicadas em suas carreiras.
3. Devido ao excesso de mulheres, muitas delas ficam sem casar. Embora não sejam, na prática, impedidas de ter relações com homens, essas mulheres são impedidas, pelo código, de ter filhos. Nessa classe, será encontrado um número enorme e crescente de mulheres que ganham a própria vida como datilógrafas, em lojas, ou de qualquer outra maneira. A guerra abriu às mulheres

muitos empregos dos quais elas estavam anteriormente excluídas, e é provável que essa mudança seja temporária apenas em parte.

    Se quisermos cessar a esterilização das melhores parcelas da população, a primeira e mais premente necessidade é remover os motivos econômicos da limitação das proles. As despesas com os filhos deveriam ser inteiramente assumidas pela comunidade. Sua alimentação, vestuário e educação deveriam ser providenciados a todas as classes, por interesse público, e não apenas aos mais pobres, por caridade. Além disso, a mulher que é capaz de ganhar dinheiro e que abandona o trabalho remunerado por causa da maternidade deveria receber do Estado, tanto quanto possível, o que ganharia se não tivesse filhos. A única condição para a pensão do Estado à mãe e seus filhos deveria ser a de que ambos os pais sejam física e mentalmente sadios em todos os aspectos que possam afetar as crianças. Não se impediria os não sadios de terem filhos, mas estes deveriam continuar, como atualmente, a arcar sozinhos com as despesas da prole.

    É necessário compreender que a lei só pode dizer respeito ao casamento no que tange à questão dos filhos e deveria ser indiferente à chamada "moralidade", a qual se baseia em costumes e nos textos da Bíblia, e não em qualquer consideração verdadeira sobre as necessidades da comunidade. As mulheres excedentes, as quais, nos dias de hoje, são por várias maneiras desencorajadas a ter filhos, não deveriam mais ser desencorajadas. Se o Estado assumir as despesas com as crianças, ele terá o direito, por motivos eugênicos, de saber quem é o pai e de exigir certa estabilidade na união. Mas não há razão para exigir ou esperar uma estabilidade para toda a vida, nem de requerer alguma justificativa para o divórcio, além do consentimento mútuo. Isso possibilitaria que tivessem filhos, se assim o desejassem, as mulheres que hoje são obrigadas a ficar solteiras. Desse modo, seria evitado um desperdício imenso e desnecessário, e se preveniria um bom volume de infelicidade inútil.

Não há necessidade de se implantar tal sistema de uma só vez. Ele poderia começar, experimentalmente, em certos setores mais propícios da comunidade. Depois, poderia se estender de modo gradual, com a experiência derivada do primeiro experimento. Se a taxa de natalidade aumentasse demais, as condições eugênicas exigidas poderiam se tornar mais estritas.

Existem, é claro, várias dificuldades práticas no caminho de tal esquema: a oposição da Igreja e dos mantenedores da moralidade tradicional, o receio de enfraquecer a responsabilidade paterna e as despesas. Tudo isso poderia ser superado. Mas permaneceria uma dificuldade que parece impossível de se superar completamente na Inglaterra, qual seja, a de que toda essa concepção é antidemocrática, pois vê alguns homens como melhores do que outros e obriga o Estado a dar melhor educação aos filhos de alguns homens e não aos de outros. Ela é contrária a todos os princípios da política progressista da Inglaterra. Por esse motivo, não se pode esperar que tal método de lidar com a questão populacional venha algum dia a ser adotado integralmente neste país. Algo do tipo pode muito bem acontecer na Alemanha, e, se de fato acontecer, irá assegurar a hegemonia alemã de tal forma como nenhuma vitória meramente militar o faria. Mas, entre nós, podemos apenas ter esperança de ver o método adotado de modo parcial, errático e, provavelmente, só depois de uma transformação na estrutura econômica da sociedade que removesse boa parte das desigualdades artificiais que os partidos progressistas estão, muito justamente, tentando dirimir.

Até aqui estivemos examinando a questão da reprodução da raça, e não o efeito das relações sexuais sobre o reforço ou a obstrução do desenvolvimento de homens e mulheres. Do ponto de vista da raça, o que parece necessário é uma completa remoção dos encargos econômicos vinculados aos filhos de todos os pais que não forem física ou mentalmente incapazes, além de uma maior liberdade na lei, tanto quanto seja compatível com o conhecimento público da paternidade. Exatamente as mesmas mudanças parecem propícias quando se considera a questão sob o ponto de vista dos homens e mulheres envolvidos.

No que diz respeito ao casamento, como em todos os outros laços tradicionais entre seres humanos, está acontecendo uma mudança muito extraordinária, totalmente inevitável, totalmente necessária como estágio para o desenvolvimento de uma nova vida, mas de forma alguma totalmente satisfatória enquanto não se complete. Todos os laços tradicionais se baseavam na *autoridade* – do rei, do barão feudal, do padre, do pai, do marido. Todos esses laços, exatamente por se basearem na autoridade, estão se dissolvendo ou já se dissolveram, e a criação de outros laços que venham a lhes tomar o lugar ainda está incompleta. Por esse motivo, as relações humanas apresentam, atualmente, uma trivialidade incomum e fazem menos do que antes costumavam fazer para derrubar as rígidas paredes do ego.

No passado, o ideal de casamento dependia da autoridade do marido, a qual a esposa aceitava como um direito. O marido era livre, a esposa era uma escrava voluntária. Em todos os assuntos que diziam respeito a marido e mulher conjuntamente, era ponto pacífico que a palavra do marido seria final. Da esposa se esperava que fosse leal, ao passo que do marido só se esperava, exceto nas sociedades muito religiosas, que cobrisse suas infidelidades com um véu de decência. A prole só podia ser limitada pela continência, e a esposa não tinha reconhecido o direito de alegar continência, por mais que sofresse com os filhos frequentes.

Enquanto o direito do marido à autoridade se manteve inquestionável na crença de homens e mulheres, esse sistema foi razoavelmente satisfatório e ofereceu a ambos certa satisfação instintiva que as pessoas educadas raramente alcançam hoje. Apenas uma vontade, a do marido, era levada em consideração, e não havia necessidade dos difíceis ajustes que se requerem quando duas vontades iguais precisam chegar a uma decisão comum. Não se levavam em conta os desejos da esposa de maneira séria o bastante para lhes permitir que frustrassem as necessidades do marido, e a esposa, a menos que fosse excepcionalmente egoísta, não buscava seu desenvolvimento pessoal, nem via no casamento nada mais que uma oportunidade de assumir obrigações. Como não buscava nem esperava muita felicidade, ela sofria menos do que uma mulher sofre hoje quando a felicidade não vem: seu sofrimento não continha nenhum elemento de indignação ou surpresa, tampouco se transformava de imediato em amargura e sensação de injúria.

A mulher santa e abnegada a quem nossos antepassados elogiaram teve seu lugar em certa concepção orgânica de sociedade, a concepção da hierarquia das ordens de autoridade que dominou a Idade Média. Ela pertence à mesma ordem de ideias que o servo fiel, o súdito leal e o filho ortodoxo da Igreja. Toda essa ordem de ideias desapareceu do mundo civilizado, e temos a esperança de que desapareça para sempre, apesar do fato de a sociedade que a produziu ter sido vital e, de certos modos, plena de nobreza. A velha ordem foi destruída por novos ideais de justiça e liberdade, começando pela religião, passando pela política e chegando, por fim, às relações privadas do casamento e da família. Quando se faz a pergunta, "Por que a mulher tem de se submeter ao homem?", e as respostas dadas pela tradição e pela Bíblia deixam de ser satisfatórias, não há mais nenhuma possibilidade de se manter a velha subordinação. Para todo homem com capacidade de pensar impessoal e livremente, é óbvio, assim que se faz a pergunta, que os direitos das mulheres são precisamente os mesmos direitos dos homens. Sejam quais forem os perigos e as dificuldades, seja como for o caos temporário que possa incorrer nessa transição para a igualdade, as reivindicações da razão são tão insistentes e claras que nenhuma oposição poderá ter a esperança de ser bem-sucedida por muito tempo.

A liberdade mútua que hoje se reivindica está impossibilitando a velha forma do casamento. Mas ainda não se desenvolveu uma forma nova, que há de ser um veículo igualmente bom para o instinto e uma ajuda equivalente para o crescimento espiritual. Por enquanto, as mulheres que têm consciência de que a liberdade é algo a ser preservado também têm consciência da dificuldade de preservá-la. O desejo de domínio é ingrediente da paixão sexual da maioria dos homens, em especial daqueles que são fortes e sérios. Esse desejo sobrevive em muitos homens cujas teorias são inteiramente opostas ao despotismo. O resultado é, de um lado, uma luta pela liberdade e, do outro, uma luta pela vida. As mulheres sentem que precisam proteger sua individualidade; os homens sentem, muitas vezes sem grande clareza, que a repressão do instinto que lhe é exigida não se coaduna com o vigor e a iniciativa. O confronto desses ânimos opostos faz que seja impossível qualquer fusão efetiva de personalidades; o homem e a mulher permanecem como unidades rígidas e separadas, perguntando-se, a todo momento, se conseguem da união alguma coisa de valor para si mesmos. O efeito é que as relações tendem a se tornar triviais e temporárias, um mero prazer em vez da satisfação de uma necessidade profunda, um entusiasmo e não uma realização. A solidão fundamental na qual nascemos permanece intocada, e a sede de companhia interior continua insatisfeita.

Não há nenhuma solução barata nem fácil para esse problema. É um problema que afeta a maioria dos homens e mulheres civilizados e é a consequência do crescente senso de individualidade que, inevitavelmente, brota do progresso mental. Duvido que exista uma cura radical, exceto em alguma forma de religião, na qual se creia com firmeza e sinceridade suficientes para dominar até mesmo a vida do instinto. O indivíduo não é o fim e o objetivo de seu próprio ser: para além do indivíduo há a comunidade, o futuro da humanidade, a imensidão do universo, no qual todos os nossos medos e esperanças não passam de um mero grão de areia. Um homem e uma mulher com reverência pelo espírito da vida do outro, com um sentimento equivalente da própria insignificância diante da vida humana, podem se tornar companheiros sem interferência na liberdade e podem conseguir a união do instinto sem causar violência contra a vida do espírito e da mente. Do mesmo modo como a religião dominava a velha forma do casamento, ela deve dominar a nova. Mas há de ser uma nova religião, baseada na liberdade, na justiça e no amor, e não na autoridade, na lei e no fogo do inferno.

O movimento romântico produziu um efeito ruim sobre as relações entre homens e mulheres ao direcionar a atenção para o que deveria ser apenas um bem incidental, não o propósito pelo qual as relações existem. O amor confere valor intrínseco a um casamento e, assim como a arte e o pensamento, é uma das coisas supremas que tornam a vida humana digna de preservação. Mas, embora não haja casamento bom sem amor, os melhores casamentos têm um propósito que vai além do amor. O amor entre duas pessoas é por demais circunscrito, por demais separado da comunidade para ser, por si só, o principal propósito de uma vida boa. Ele não é, em si mesmo, fonte suficiente de atividades, não é suficientemente prospectivo para construir uma existência na qual se possa encontrar a satisfação definitiva. O amor tem seus grandes momentos e, depois, seus tempos menos grandiosos, que são insatisfatórios por serem menos grandiosos. Ele se torna, cedo ou tarde, retrospectivo, um túmulo de alegrias mortas, não uma fonte de vida nova. Esse mal é inseparável de qualquer propósito que se queira alcançar com uma única emoção suprema. Os únicos propósitos adequados são os que se estendem para o futuro, os que não podem ser plenamente alcançados, mas que estão sempre crescendo, que são infinitos com a infinitude dos esforços humanos. E é somente quando o amor se liga a um propósito infinito desse tipo que ele pode ter a seriedade e a profundidade de que é capaz.

Para a grande maioria dos homens e das mulheres, é mais provável que se alcance a seriedade dos relacionamentos sexuais por meio dos filhos. Os filhos são, para grande parte das pessoas, antes uma necessidade do que um desejo: por via de regra, é só conscientemente que o instinto se dirige ao que costuma levar aos filhos. O desejo por filhos está apto a se desenvolver na maturidade, quando a aventura da existência já passou, quando as amizades de juventude parecem menos importantes do que antes, quando a perspectiva de uma velhice solitária começa a aterrorizar e quando a sensação de não ter participação no futuro se torna opressiva. Então, aqueles que, quando jovens, não tiveram a sensação de que os filhos pudessem preencher suas necessidades começam a se arrepender de seu antigo desprezo pela normalidade e a invejar os conhecidos a quem antes julgaram enfadonhos. Mas, devido a causas econômicas, muitas vezes não é possível aos jovens, e especialmente aos melhores jovens, ter filhos sem sacrificar coisas de vital importância para suas vidas. E, então, a juventude passa e só se sente a necessidade quando já é tarde demais.

As necessidades sem os desejos correspondentes têm se tornado cada vez mais comuns à medida que a vida fica mais diferente da existência primitiva, da qual derivam nossos instintos e à qual eles ainda estão bem mais adaptados, ao contrário do que se passa nos dias de hoje. Uma necessidade não satisfeita produz, no fim, muito mais dor e muito mais distorção de caráter do que se estivesse associada a um desejo consciente. Por essa razão, e também por causa da raça, é importante acabar com os atuais incentivos econômicos para a ausência de filhos. Não há nenhuma necessidade de impor a paternidade a quem não se sente inclinado para tanto, mas é necessário não colocar obstáculos no caminho de quem não tem tal aversão.

Ao falar sobre a importância de se preservar a seriedade nas relações entre homens e mulheres, não quero sugerir que as relações que não são sérias sejam sempre prejudiciais. A moralidade tradicional errou ao colocar maior ênfase sobre o que não deve acontecer, em vez de enfatizar o que deve acontecer. O importante é que homens e mulheres encontrem, cedo ou tarde, a melhor relação de que suas naturezas sejam capazes. Nem sempre é possível saber com antecedência qual será a melhor, tampouco ter certeza de não estar perdendo a melhor ao rejeitar tudo sobre o que se tem dúvida. Entre as raças primitivas, um homem quer uma fêmea, uma mulher quer um macho, e não há diferenciação que faça de um muito melhor companhia que outro. Mas, com a crescente complexidade de disposições trazida pela vida civilizada, foi se tornando cada vez mais difícil encontrar o homem ou a mulher que trará felicidade, e cada vez mais necessário não dificultar muito a descoberta de um engano.

A lei do casamento vigente é herança de tempos mais simples e é defendida, em geral, por temores irracionais e por um desprezo a tudo quanto seja delicado e difícil na vida da mente. Devido à lei, muitos homens e mulheres estão condenados, no que diz respeito a suas relações aparentes, à companhia de alguém totalmente incompatível, com todo o amargor da consciência de que uma escapatória é praticamente impossível. Nessas circunstâncias, muitas vezes se procuram relações mais felizes com os outros, mas estas têm de ser clandestinas, sem vida comum e sem filhos. Para além do grande mal de serem clandestinas, tais relações apresentam algumas desvantagens quase inevitáveis. Elas correm o risco de dar uma ênfase indevida ao sexo, de serem excitantes e perturbadoras, e é pouco provável que possam trazer uma efetiva satisfação do instinto. É a combinação de amor, filhos e vida comum o que constrói a melhor relação entre um homem e uma mulher. A lei dos dias de hoje confina a existência dos filhos e a vida comum dentro dos limites da monogamia, mas não consegue confinar o amor. Ao forçar tantas pessoas a separar, de um lado, o amor, e do outro, os filhos e a vida comum, a lei restringe suas vidas, impede que alcancem a plena dimensão de seu desenvolvimento possível e inflige toda uma tortura desnecessária àqueles que não se contentam em ser frívolos.

Em suma: o estado atual da lei, da opinião pública e do nosso sistema econômico tende a degradar a qualidade da raça, ao fazer da pior metade da população os pais de mais da metade da próxima geração. Ao mesmo tempo, as reivindicações de liberdade por parte das mulheres estão tornando a velha forma de casamento um entrave para o desenvolvimento, tanto de homens quanto de mulheres. É necessário um novo sistema, caso se queira que as nações europeias não se degenerem e que as relações entre homens e mulheres tenham a felicidade intensa e a seriedade orgânica que possuíam os melhores casamentos do passado. O novo sistema deverá se basear no fato de que gerar filhos é um serviço para a comunidade e não poderá expor os pais a severas penas pecuniárias. Esse sistema deverá reconhecer que nem a lei nem a opinião pública podem se ocupar das relações privadas de homens e mulheres, à exceção do que se refira aos filhos. Deverá eliminar os incentivos às relações clandestinas e sem filhos. Deverá admitir que, embora a monogamia para toda a vida seja o melhor quando bem-sucedida, a crescente complexidade de nossas necessidades a torna cada vez mais um fracasso, para o qual o divórcio é a melhor prevenção. Nesse tema, como nos demais, a liberdade é a base da sabedoria política. E, quando se consegue a liberdade, há que se deixar o que resta a ser desejado para a consciência e a religião individual dos homens e das mulheres.

7.
A religião e as Igrejas

Quase todas as transformações pelas quais o mundo passou desde o fim da Idade Média se devem à descoberta e difusão de novos conhecimentos. Essa foi a causa primeira da Renascença, da Reforma e da Revolução Industrial. Essa também foi, muito diretamente, a causa do declínio da religião dogmática. O estudo dos textos clássicos e da história da Igreja primitiva, a física e a astronomia de Copérnico, a biologia darwiniana e a antropologia comparada têm, cada um a seu modo, demolido boa parte do edifício do dogma católico, tanto que, para a maioria das pessoas dotadas de pensamento e instrução, o máximo que parece admissível é certo espírito interior, uma esperança vaga e um sentimento não muito definido de obrigação moral. Esse resultado talvez pudesse ter se restringido à minoria culta, não fosse o fato de as Igrejas, por quase toda parte, terem se oposto ao progresso político com o mesmo rancor com que se opuseram ao progresso do pensamento. O conservadorismo político colocou as Igrejas em conflito com tudo o que há de vigoroso nas classes trabalhadoras e espalhou o livre pensamento em círculos amplos, que, de outra forma, talvez houvessem permanecido ortodoxos por muitos séculos. O declínio da religião dogmática é, para o bem ou para o mal, um dos fatos mais importantes do mundo moderno. Seus efeitos mal começaram a se mostrar: é impossível dizer quais serão, mas, por certo, serão profundos e de longo alcance.

A religião é, em parte, pessoal e, em parte, social: para os protestantes, é primordialmente pessoal; para os católicos, primordialmente social. Só quando esses dois elementos estão intimamente misturados é que a religião se torna uma força na modelagem da sociedade. A Igreja Católica, tal como existiu desde os tempos de Constantino até a época da Reforma, representava uma mistura que, se não tivesse se realizado de fato, teria parecido inacreditável: a fusão de Cristo com César, da moralidade da submissão humilde com o orgulho da Roma Imperial. Os que amavam a primeira podiam encontrá-la na *Tebaida*; os que amavam a segunda podiam admirá-la na pompa dos arcebispos metropolitanos. Esses mesmos dois lados da Igreja ainda se fazem representar em São Francisco e Inocêncio III. Mas, desde a Reforma, a religião pessoal tem ficado cada vez mais de fora da Igreja Católica, ao passo que a religião que se manteve católica tem se tornado cada vez mais uma questão de instituições, política e continuidade histórica. A divisão enfraqueceu a força da religião: as corporações religiosas não se fortaleceram pelo entusiasmo e obstinação dos homens cuja religião pessoal era forte, e esses homens não viram seus ensinamentos difundidos e perpetuados pelo poder das instituições eclesiásticas.

Durante a Idade Média, a Igreja Católica conseguiu formar uma sociedade mais orgânica e a mais harmoniosa síntese interior entre instinto, mente e espírito que o mundo ocidental jamais conheceu. São Francisco, Tomás de Aquino e Dante representam seu ápice no que diz respeito ao desenvolvimento individual. As catedrais, as ordens mendicantes e o triunfo do papado sobre o Império representam seu mais extremo êxito político. Mas a perfeição conseguida era uma perfeição restrita: instinto, mente e espírito, todos sofreram mutilações para se encaixarem no padrão; os leigos se ressentiam dos modos pelos quais se encontravam submetidos à Igreja, e a Igreja usava seu poder em favor da ganância e da opressão. A síntese perfeita era inimiga do novo crescimento e, depois da época de Dante, tudo o que existia de vivo no mundo teve de lutar por seu direito de viver contra os representantes da velha ordem. Essa luta não se encerrou até hoje. Só quando estiver de fato encerrada, tanto no mundo externo da política, quanto no mundo interno dos pensamentos dos homens, é que será possível a uma nova sociedade orgânica e a uma nova síntese interior tomarem o lugar que a Igreja ocupou durante mil anos.

A profissão clerical sofre por duas causas, uma das quais compartilha com outras profissões, enquanto a outra lhe é peculiar. A causa peculiar é a convenção de que os clérigos são mais virtuosos do que os outros homens. Toda e qualquer seleção média de humanos que se ponha à parte e se diga superior aos demais por virtude tenderá a cair abaixo da média. Esse é um velho lugar-comum no que diz respeito aos príncipes e àqueles a quem se costuma chamar de "grandes". Mas não é menos verdadeiro em relação aos clérigos, que não são genuína ou naturalmente melhores do que a média, como convencionalmente se supõe que sejam. A outra fonte de mal à profissão dos clérigos são os privilégios. A propriedade que só se dispõe àqueles que mantêm uma instituição estabelecida tende a deturpar o julgamento dos homens quanto à excelência da instituição. Essa tendência se agrava quando a propriedade está associada à contrapartida social e às oportunidades de exercer poderes mesquinhos. E fica ainda pior quando a instituição se liga, pela lei, a um credo antigo, quase impossível de se transformar e bem distante do pensamento sem amarras dos dias de hoje. Todas essas causas se combinam para prejudicar a força moral da Igreja.

Não é que o credo da Igreja esteja errado. O errado é a própria existência de um credo. Tão logo a renda, a posição e o poder se tornem dependentes da aceitação de um credo, qualquer que seja, a honestidade intelectual fica em perigo. Os homens irão dizer a si mesmos que um consentimento formal se justifica pelo bem que este lhes permitirá fazer. Não conseguem entender que, naqueles cuja vida mental tem algum vigor, a perda da completa integridade intelectual põe fim à capacidade de fazer o bem, gerando aos poucos e em todas as direções a inabilidade de enxergar a verdade. O rigor da disciplina partidária introduziu o mesmo mal na política; aí, por ser comparativamente novo, o mal é visível a muitos que o consideram desimportante no que se refere à Igreja. Mas o mal é maior na Igreja, pois a religião é mais importante do que a política, e é mais necessário que os expoentes da religião sejam completamente livres de máculas.

Os males que estamos examinando parecem inseparáveis da existência de um sacerdócio profissional. Para não ser prejudicial em um mundo de rápidas transformações, a religião deve, assim como a Society of Friends,[1] ser conduzida por homens que tenham outras ocupações durante a semana, que façam seu trabalho por entusiasmo, sem receber nenhum pagamento. E tais homens, por conhecerem o mundo cotidiano, não vão cair em uma moralidade remota, a qual ninguém considera aplicável na vida ordinária. Livres, eles não serão forçados a chegar a certas conclusões decididas previamente, serão, antes, capazes de considerar as questões morais e religiosas de modo genuíno, sem preconceitos. A não ser em uma sociedade totalmente estacionária, nenhuma vida religiosa poderá ser viva ou oferecer ajuda efetiva ao espírito, se não estiver livre da opressão de um clero profissional.

É principalmente por essas razões que, nos dias de hoje, tão pouco do que tem valor na moral e na religião vem dos homens eminentes do mundo religioso. É verdade que entre os crentes professos há muitos que são totalmente sinceros, que ainda sentem a inspiração que o cristianismo trazia antes de ter sido enfraquecido pelo progresso do conhecimento. Esses crentes sinceros são valiosos para o mundo, porque mantêm viva a convicção de que a vida do espírito é da maior importância para homens e mulheres. Alguns deles, nos países agora em guerra, tiveram a coragem de pregar a paz e o amor em nome de Cristo e fazem o que podem para mitigar o amargor do ódio. Esses homens merecem todos os louvores: sem eles, o mundo estaria ainda pior do que já está.

Mas nem mesmo pelos crentes mais sinceros e corajosos da religião tradicional poderá vir ao mundo um novo

---

[1] Como também é conhecido o movimento religioso protestante dos *quakers*. (N. T.)

espírito. Não é por eles que se poderá trazer a religião de volta a quem a perdeu, não por ter o espírito inerte, mas sim por ter a mente ativa. Os crentes da religião tradicional procuram inspiração necessariamente no passado, e não no futuro. Procuram sabedoria nos ensinamentos de Cristo, os quais, por mais admiráveis que sejam, continuam um tanto inadequados a muitas das questões sociais e espirituais da vida moderna. A arte, o intelecto e todos os problemas do governo são ignorados nos Evangelhos. Aqueles que, assim como Tolstoi, tentam adotar seriamente os Evangelhos como um guia para a vida são levados a ver o camponês ignorante como o melhor tipo de homem e a deixar de lado questões políticas em nome de um anarquismo extremo e impraticável.

Se quisermos que algum dia uma visão religiosa da vida e do mundo reconquiste os pensamentos e os sentimentos de homens e mulheres livres, teremos de descartar muito do que estamos acostumados a associar à religião. A primeira e maior transformação que se requer é o estabelecimento de uma moralidade de iniciativa e não de uma moralidade de submissão, de esperança e não de medo, de coisas que se devem fazer e não de coisas que não podem ser feitas. Todo o dever do homem não está limitado a se esgueirar pelo mundo para escapar da ira de Deus. O mundo é *nosso* mundo, e depende de nós torná-lo um inferno ou um céu. O poder é nosso, e o reino e a glória também serão nossos se tivermos coragem e compreensão para criá-los. A vida religiosa que devemos procurar não será de solenidade ocasional e proibições supersticiosas, não será triste nem ascética, não vai se preocupar muito com regras de conduta. Será inspirada por uma visão do que a vida humana pode ser e vai ser feliz com a alegria da criação, vivendo em um mundo vasto e livre, de iniciativa e esperança. Amará a humanidade, não pelo que ela é aos olhos exteriores, mas pelo que a imaginação mostra que ela tem por realizar dentro de si. Não irá condenar prontamente, mas sim tecer louvores às realizações positivas (e não à negativa ausência de pecado), à alegria de viver, à afeição intensa e à perspicácia criativa, por meio das quais o mundo poderá ficar mais jovem, bonito e cheio de vigor.

"Religião" é uma palavra que tem muitos significados e uma longa história. Na origem, dizia respeito a certos ritos herdados do passado remoto, realizados por alguma razão desde há muito esquecida e associados, de tempos em tempos, a vários mitos que lhe dão suposta importância. Muito disso ainda permanece. Um homem religioso é aquele que vai à igreja, um comungante, um "praticante", como dizem os católicos. Como ele se comporta em outras circunstâncias, ou como se sente em relação à vida e ao lugar do homem no mundo, nada disso tem influência sobre a questão de ele ser "religioso" nesse sentido simplista, mas historicamente correto. Muitos homens e mulheres são religiosos nesse sentido, sem ter em si nada daquilo que merece ser chamado de religião no sentido em que emprego a palavra. A mera familiaridade com os serviços da Igreja os tornou insensíveis; eles não têm consciência de toda a história e a experiência humana que enriqueceram a liturgia e são inertes às palavras dos Evangelhos que, levianamente repetidas, condenam quase todas as atividades dos que se supõem discípulos de Cristo. Este é o destino que assalta todo e qualquer rito habitual: é impossível que continue a produzir muito efeito depois de ter sido realizado tantas vezes, a ponto de se tornar mecânico.

As atividades dos homens podem, *grosso modo*, derivar de três fontes, que não são, na verdade, nitidamente separadas uma das outras, mas distinguíveis o bastante para merecerem diferentes nomes. As três fontes a que me refiro são o instinto, a mente e o espírito, e, dessas três, é a vida do espírito que gera a religião.

A vida do instinto inclui tudo o que o homem compartilha com os animais inferiores, tudo o que diz respeito à autopreservação e reprodução e aos desejos e impulsos derivados. Inclui a vaidade e o amor pela posse, o amor pela família e até mesmo o que gera o amor pelo país. Inclui todos os impulsos necessariamente relacionados ao êxito biológico de um indivíduo ou grupo – pois, entre os animais gregários, a vida do instinto inclui o grupo. Os impulsos que inclui podem, é verdade, não contribuir para o êxito e, muitas vezes, podem até militar contra ele, mas, mesmo assim, são eles que têm o êxito como *raison d'etre*, são eles que expressam a natureza animal do homem e sua posição em um mundo de competidores.

A vida da mente é a vida da busca do conhecimento, desde a mera curiosidade infantil até os maiores esforços do pensamento. A curiosidade está presente nos animais e serve a um propósito biológico; mas é somente nos homens que ela vai além da investigação de objetos particulares que podem ser comestíveis ou venenosos, amigáveis ou hostis. A curiosidade é o impulso primário do qual cresceu todo o edifício do conhecimento cientifico. O conhecimento se demonstrou tão útil que quase todas as suas aquisições atuais já não são impelidas pela curiosidade; inúmeros outros motivos agora contribuem para nutrir a vida intelectual. No entanto, o amor direto ao conhecimento e a aversão ao erro ainda têm papel muito importante, especialmente naqueles que são mais exitosos no aprendizado. Nenhum homem adquire muito conhecimento a menos que a aquisição em si lhe seja um deleite, para além de qualquer consciência do uso que o conhecimento possa ter. O impulso a adquirir conhecimento e as atividades que se centram nele constituem o que chamo de vida da mente. A vida da mente consiste no pensamento, que é total ou parcialmente impessoal, no sentido de que se ocupa de objetos por serem objetos, e não apenas por terem influência sobre nossa vida instintiva.

A vida do espírito gira em torno do sentimento impessoal, enquanto a vida da mente gira em torno do pensamento impessoal. Nesse sentido, toda arte pertence à vida do espírito, embora sua grandeza derive do fato de também estar ligada à vida do instinto. A arte começa no instinto e se eleva dentro da região do espírito; a religião começa no espírito e se empenha para dominar e modelar a vida do instinto. É possível sentir o mesmo interesse pelas alegrias e tristezas dos outros do que pelas nossas próprias, amar e odiar independentemente de qualquer relação com nós mesmos, preocupar-se com o destino do homem e o desenvolvimento do universo sem pensar que estamos pessoalmente envolvidos. A reverência e a veneração, o senso de uma obrigação para com a humanidade, o sentimento do imperativo e do agir sob as ordens que a religião tradicional interpretou como inspiração divina, tudo isso pertence à vida do espírito. E mais profundo do que tudo isso fica a sensação de um mistério revelado apenas em parte, de um saber e de uma glória escondidos, de uma visão transfiguradora na qual as coisas comuns perdem sua importância sólida e se tornam um véu fino por detrás do qual se vê, em traços vagos, a verdade última do mundo. Esses sentimentos são a fonte da religião, e, se eles morressem, desapareceria a maior parte do que há de melhor na vida.

Instinto, mente e espírito são todos essenciais para uma vida completa; cada um deles tem sua própria excelência e sua própria corrupção. Cada um deles pode atingir uma excelência espúria, em detrimento dos outros; cada um deles tem uma tendência a invadir a esfera dos outros; mas, na vida a ser buscada, todos os três deverão se desenvolver em coordenação, intimamente misturados em um todo único e harmonioso. Entre os homens incivilizados, o instinto é supremo, e a mente e o espírito mal existem. Entre os homens cultos de hoje em dia, a mente se desenvolve, em regra, às expensas tanto do instinto quanto do espírito, produzindo uma curiosa falta de humanidade e de vitalidade, uma escassez de desejos pessoais e impessoais, as quais levam ao cinismo e à destrutividade intelectual. Entre os ascetas e a maioria daqueles que se podem chamar santos, a vida do espírito se desenvolveu às expensas do instinto e da mente, produzindo um modo de ver impossível a quem tem uma vida animal sadia e a quem tem amor pelo pensamento ativo. Não será em nenhum desses desenvolvimentos unilaterais que encontraremos a sabedoria ou a filosofia que trará vida nova ao mundo civilizado.

Entre os homens e mulheres civilizados dos dias de hoje, é raro encontrar instinto, mente e espírito em harmonia. Muito poucos alcançaram uma filosofia prática que dê o devido lugar a cada um dos três. Em regra, o instinto está em guerra contra a mente ou o espírito, e a mente e o espírito estão em guerra entre si. Essa contenda obriga homens e mulheres a direcionar boa parte de sua energia para dentro, ao invés de gastar toda ela em atividades objetivas. Quando um homem chega a uma precária paz interior por meio da derrota de parte de sua natureza, sua força vital fica comprometida e seu crescimento já não será muito saudável. Se os homens quiserem ser um todo, é extremamente necessário que consigam uma reconciliação entre instinto, mente e espírito.

O instinto é a fonte da vitalidade, o laço que une a vida do indivíduo à vida da raça, a base de todo e qualquer senso profundo de união com os outros e o meio pelo qual a vida coletiva nutre a vida das unidades separadas. Mas, por si só, o instinto nos deixa impotentes para controlar as forças da natureza, seja em nós mesmos, seja no ambiente físico, e nos mantém presos ao mesmo impulso irrefletido que faz as árvores crescerem. A mente pode nos libertar dessa prisão pela força do pensamento impessoal, que nos permite julgar criticamente os propósitos puramente biológicos, para os quais tende o instinto, de modo mais ou menos cego. Mas a mente, em suas relações com o espírito, é *meramente* crítica: no que concerne ao instinto, a atividade irreprimida da mente está apta a ser destrutiva e a gerar o cinismo. O espírito é um antídoto ao cinismo da mente: ele universaliza as emoções que surgem do instinto e, ao universalizá-las, torna-as impermeáveis à crítica da mente. E, quando o pensamento é informado pelo espírito, perde sua qualidade cruel e destrutiva; já não promove a morte do instinto, mas apenas o purifica da insistência e da impiedade e o liberta dos muros da prisão da circunstância acidental. É o instinto que dá força, a mente que dá os meios de dirigir a força aos fins desejados e o espírito que sugere usos impessoais para a força, de um tipo que o pensamento não pode desacreditar pela crítica. Esse é um esboço dos papéis que o instinto, a mente e o espírito desempenhariam em uma vida harmônica.

Instinto, mente e espírito ajudam uns aos outros quando seu desenvolvimento é livre e não viciado; mas, quando a corrupção adentra um dos três, não é apenas este que falha, mas também os outros ficam envenenados. Todos os três devem crescer juntos. E, se é para crescerem plenamente em todo e qualquer homem ou mulher, esse homem e essa mulher não devem estar isolados, devem, sim, estar em uma sociedade em que o crescimento não seja frustrado nem deformado.

A vida do instinto, quando não reprimida pela mente ou pelo espírito, consiste em ciclos instintivos, que começam com impulsos a atos mais ou menos definidos e passam à satisfação de necessidades por meio das consequências desses atos impulsivos. Impulso e desejo não são dirigidos para todo o ciclo, mas apenas para seu início: o resto se deixa para as causas naturais. Desejamos nos alimentar, mas não desejamos ser nutridos, a menos que estejamos convalescendo. Ainda assim, sem a nutrição, comer não passa de um prazer momentâneo, não faz parte do impulso geral à vida. Os homens desejam a relação sexual, mas, em regra, não desejam filhos com muita força ou frequência. Ainda assim, sem a esperança de ter filhos e sua ocasional realização, a relação sexual continua sendo, para a maioria das pessoas, um prazer isolado e separado, que não une sua vida pessoal à vida da humanidade, que não dá continuidade aos propósitos centrais pelos quais se vive e que não é capaz de trazer a sensação profunda de realização que vem com os filhos. A maioria dos homens, a menos que o impulso esteja atrofiado pela falta de uso, sente um desejo de criar algo, pequeno ou grandioso, de acordo com suas capacidades. Uns poucos são capazes de satisfazer esse desejo: alguns homens felizes conseguem criar um império, uma ciência, um poema ou uma pintura. Os homens de ciência, que têm menos dificuldade do que qualquer outro para encontrar um canal de manifestação para a criatividade, são os mais felizes entre os homens inteligentes do mundo moderno, pois sua atividade criativa proporciona satisfação plena para a mente, para o espírito e também para o instinto de criação.[2] Neles se pode ver um começo para o novo modo de vida que se deve procurar; em sua felicidade, talvez possamos encontrar o germe de uma felicidade futura para toda a humanidade. Os demais, com poucas exceções, são frustrados em seus impulsos criativos. Não conseguem construir a própria casa nem fazer o próprio jardim, tampouco direcionar o próprio trabalho para a produção daquilo que sua livre escolha os levaria a produzir. Assim, o instinto de criação, que deveria conduzir à vida da mente e do espírito, é reprimido e desviado. Muitas vezes, ele se desvia para a destruição, como única ação efetiva que permanece possível. De sua derrota nasce a inveja, e da inveja nasce o impulso de destruir a criatividade dos homens mais afortunados. Essa é uma das maiores fontes de corrupção da vida do instinto.

A vida do instinto é importante, não apenas por si mesma ou por causa da utilidade das ações que inspira, mas também porque, se for insatisfatória, torna a vida individual apartada e distante da vida geral do homem. Toda sensação profunda de

---

[2] Deveria acrescentar os artistas, não fosse o fato de que a maioria dos artistas modernos parece encontrar muito mais dificuldade na criação do que os homens de ciência normalmente encontram.

unidade com os outros depende do instinto, da cooperação ou do acordo em algum propósito instintivo. Isso fica mais óbvio nas relações entre homens e mulheres, pais e filhos. Mas também é verdadeiro em relações mais amplas. É verdadeiro nas grandes assembleias tomadas por uma forte emoção comum e, nos tempos de tensão, até mesmo em toda uma nação. Faz parte do que dá valor à religião como instituição social. Onde esse sentimento não se encontra presente, os seres humanos parecem distantes e alheios. Onde é ativamente frustrado, outros seres humanos se tornam objeto de hostilidade instintiva. O alheamento ou a hostilidade instintiva podem se disfarçar de amor religioso, que pode ser distribuído a todos os homens, independentemente de sua relação conosco. Mas o amor religioso não atravessa o abismo que separa os homens: ele lança seu olhar por sobre o abismo, vê os outros com compaixão ou empatia impessoal, mas não vive com a mesma vida com a qual eles vivem. Apenas o instinto pode fazer isso, mas só quando é frutífero, sadio e direto. Para tanto, é necessário que os ciclos instintivos se completem sempre que possível, que não sejam interrompidos no meio de seu curso. Nos dias de hoje, eles são constantemente interrompidos, em parte pelos propósitos que lhes são conflitantes por motivos econômicos e por outras razões, em parte pela busca do prazer, que escolhe a parte mais agradável do ciclo e evita as demais. Desse modo, o instinto é privado de sua importância e seriedade; ele se torna incapaz de trazer qualquer realização verdadeira, suas demandas ficam cada vez mais excessivas, e a vida deixa de ser um todo com um movimento único para se tornar uma série de momentos apartados, alguns agradáveis, a maioria deles plenos de cansaço e desânimo.

A vida da mente, embora tenha superior excelência em si mesma, não consegue trazer saúde para a vida do instinto, a não ser quando resulta em um canal de manifestação não muito difícil para o instinto de criação. Nos outros casos, ela está, em regra, muito afastada do instinto, muito desligada e destituída do crescimento interior, para proporcionar seja um veículo para o instinto, seja um meio de torná-lo mais sutil e refinado. O pensamento, em essência, é impessoal e destacado. O instinto, em essência, é pessoal e ligado a circunstâncias particulares: entre os dois, a menos que ambos atinjam alto nível, há uma guerra que não se aplaca facilmente. Essa é a razão fundamental para o vitalismo, o futurismo, o pragmatismo e as várias outras filosofias que se anunciam como vigorosas e viris. Tudo isso representa uma tentativa de encontrar um modo de pensamento que não seja hostil ao instinto. A tentativa, em si mesma, é digna de louvor, mas a solução oferecida é fácil demais. O que se propõe equivale a uma subordinação do pensamento ao instinto, a uma recusa em se permitir que o pensamento alcance seu próprio ideal. O pensamento que não se eleva acima do pessoal não é pensamento em sentido verdadeiro: é apenas um uso mais ou menos inteligente do instinto. É o pensamento e o espírito que elevam o homem acima do nível das bestas. Ao descartá-los, podemos perder a excelência própria dos homens, mas não adquirir a excelência dos animais. O pensamento precisa atingir seu crescimento completo antes de se tentar uma reconciliação com o instinto.

Quando o pensamento refinado coexiste com o instinto não refinado, como ocorre em muitos intelectuais, o resultado é uma completa descrença na importância de qualquer bem que se possa conseguir com a ajuda do instinto. De acordo com sua inclinação, alguns homens vão, tanto quanto possível, descartar o instinto e se tornar ascéticos, ao passo que outros o receberão como uma necessidade, deixando-o degradado e isolado de tudo o que realmente importa em suas vidas. Qualquer um desses caminhos irá impedir que o instinto permaneça vital, ou que seja um laço com os outros; qualquer um produz uma sensação de solidão física, um abismo por sobre o qual podem falar as mentes e os espíritos dos outros, mas não seus instintos. Para muitos outros homens, o instinto de patriotismo, quando eclodiu a guerra, foi o primeiro instinto que atravessou o abismo, o primeiro que os fez sentir uma unidade realmente profunda com os outros. Esse instinto, exatamente por ser novo e desconhecido em sua forma mais intensa, permaneceu incontaminado pelo pensamento, não foi paralisado nem desvitalizado pela dúvida e pelo frio alheamento. Se o pensamento e o espírito não lhe forem hostis, essa sensação de unidade que o instinto produziu pode ser produzida pela vida instintiva de tempos mais normais. Mas, enquanto estiver ausente essa sensação de unidade, o instinto e o espírito não poderão estar em harmonia, nem a vida da comunidade poderá ter o vigor e as sementes do novo crescimento.

Por causa de seu desprendimento, a vida da mente, quando não contrabalançada pela vida do espírito, tende a separar internamente um homem dos outros. Por essa razão, a mente sem espírito pode tornar o instinto corrupto ou atrofiado, mas não pode acrescentar nenhuma excelência à vida do instinto. Com esses termos, alguns homens são hostis ao pensamento. Mas não se serve a nenhum bom propósito tentando prevenir o crescimento do pensamento, que tem sua própria insistência e, caso for impedido nas direções a que tende por natureza, irá se voltar a outras direções em que será mais prejudicial. O pensamento é, em si mesmo, onipotente: se a oposição entre pensamento e instinto fosse irreconciliável, o pensamento é que iria vencer. Mas a oposição não é irreconciliável: a única coisa necessária é que sejam, tanto o pensamento quanto o instinto, informados pela vida do espírito.

Para que a vida humana possa ter vigor, é necessário que os impulsos instintivos sejam fortes e diretos; mas, para que a vida humana seja boa, esses impulsos devem ser dominados e controlados por desejos menos pessoais e impiedosos, menos suscetíveis ao conflito do que os inspirados apenas pelo instinto. Algo impessoal e universal se faz necessário acima e além do que provém do princípio de crescimento individual. É isso o que proporciona a vida do espírito.

O patriotismo oferece um exemplo do tipo de controle necessário. O patriotismo é composto por vários impulsos e sentimentos instintivos: o amor pelo lar, o amor por aqueles cujos hábitos e modos de ver se assemelham aos nossos, o impulso à cooperação dentro de um grupo, a sensação de orgulho pelas conquistas do grupo a que se pertence. Todos esses impulsos e desejos, como tudo o que pertence à vida do instinto, são pessoais, no sentido de que os sentimentos e ações que inspiram sobre os outros são determinados pela relação desses outros conosco, e não pelo que os outros intrinsecamente são. Todos esses impulsos e desejos se unem para produzir um amor pelo próprio país, que fica muito mais profundamente implantado no âmago do ser e muito mais intimamente ligado à sua força vital do que qualquer outro amor que não tenha raízes no instinto. Mas, se o espírito não interferir para generalizar o amor pelo país, a exclusividade do amor instintivo vai transformá-lo em fonte de ódio aos demais países. O que o espírito pode conseguir é nos fazer compreender que os outros países também são dignos de amor, que o calor vital que nos faz amar nosso próprio país nos revela que ele merece ser amado e que apenas a pobreza de nossa própria natureza nos impede de amar todos os países como amamos o nosso. Assim, o amor instintivo pode se estender pela imaginação, e pode crescer uma sensação do valor de toda a humanidade que será mais vívida e intensa do que qualquer outra possível àqueles cujo amor instintivo é fraco. A mente só pode nos mostrar que é irracional amar apenas o nosso país; ela pode enfraquecer o patriotismo, mas não pode fortalecer o amor por toda a humanidade. Somente o espírito pode fazer isso, estendendo e universalizando o amor que nasce do instinto. E, ao fazê-lo, reprime e purifica tudo o que for insistente e impiedoso e opressivamente pessoal na vida do instinto.

A mesma extensão operada pelo espírito é necessária em outros amores instintivos, se não quisermos que estes se enfraqueçam e se corrompam pelo pensamento. O amor entre marido e mulher é capaz de ser uma coisa muito boa e, quando homens e mulheres são suficientemente primitivos, não é preciso nada além de instinto e boa sorte para fazê-los atingir certa perfeição limitada. Mas, assim que o pensamento cobra seu direito de criticar o instinto, a velha simplicidade se torna impossível. O amor entre marido e mulher, quando deixado livre pelo instinto, é por demais estreito e pessoal para resistir às flechadas da sátira, até que se enriqueça pela vida do espírito. A visão romântica do casamento, em que nossos pais e mães diziam acreditar, não sobreviveria a uma peregrinação imaginativa a uma rua de casas suburbanas, cada uma com seu casal, cada casal comemorando ao cruzar pela primeira vez a soleira da porta, pois aqui eles poderiam amar em paz, livres das interrupções dos outros, sem contato com o mundo frio lá fora. O isolamento e a falta de ventilação, os nomes gentis para as covardias e vaidades tímidas que se gritam dentro das quatro paredes de milhares e milhares de casinhas aparecem de forma fria e impiedosa diante daqueles em quem a mente domina o espírito.

Nada existe de bom na vida do ser humano, a não ser o que de melhor sua natureza possa realizar. À medida que os homens avançam, coisas que eram boas deixam de ser boas, simplesmente porque algo melhor se torna possível. O mesmo se dá com a vida do instinto: para aqueles cuja vida mental é forte, muito do que era realmente bom, enquanto a mente permanecia menos desenvolvida, agora se tornou ruim, simplesmente pelo maior grau de verdade em sua perspectiva sobre o mundo. O homem instintivo no amor sente que sua emoção é única, que a moça de seu coração tem perfeições tais que nenhuma outra mulher jamais vai igualar. O homem que adquiriu o poder do pensamento impessoal compreende, quando ama, que é apenas um entre muitos milhões de homens amando nesse momento, que apenas um entre todos esses milhões pode estar certo ao julgar seu amor o maior de todos e que é pouco provável que este seja ele próprio. Ele percebe que o estado de paixão naqueles cujo instinto permanece intocado pelo pensamento ou pelo espírito é um estado de ilusão, que serve aos fins da natureza e faz do homem um escravo da vida da espécie, e não um agente voluntário dos fins impessoais que ele sabe que são bons. O pensamento rejeita a escravidão; pois não abdicará em favor de nenhum fim que a natureza tenha em vista, nem renunciará ao seu direito de pensar livremente. "Melhor o mundo perecer do que eu ou qualquer outro ser humano ter de acreditar em uma mentira" — essa é a religião do pensamento, em cujas chamas escaldantes está se queimando a escória do mundo. É uma religião boa, e seu trabalho de destruição precisa ser completado. Mas isso não é tudo de que precisa o homem. Um novo crescimento deve sobrevir depois da destruição, e um novo crescimento só poderá vir por meio do espírito.

O patriotismo e o amor entre homem e mulher, quando meramente instintivos, têm os mesmos defeitos: suas exclusões, suas paredes apertadas, sua indiferença ou hostilidade para com o mundo externo. Por isso é que o pensamento foi levado à sátira, que a comédia infectou aquilo que os homens costumavam considerar seus sentimentos mais sagrados. A sátira e a comédia se justificam, mas não a morte do instinto, a qual podem causar se permanecerem no comando absoluto. Elas se justificam não como a última palavra de sabedoria, mas como um caminho de dor pelo qual os homens têm de passar para uma vida nova, onde o instinto seja purificado e também nutrido por desejos profundos e pela perspicácia do espírito.

O homem que traz dentro de si a vida do espírito vê o amor entre homem e mulher, tanto em si mesmo quanto nos outros, de modo bem diferente do que o homem dominado exclusivamente pela mente. Em seus momentos de clarividência, ele vê que em todos os seres humanos há algo que merece amor, algo misterioso, algo que implora, um grito na noite, uma jornada tateante e uma possível vitória. Quando seu instinto ama, ele bem acolhe sua ajuda para ver e sentir o valor do ser humano a quem ama. O instinto se torna um reforço de sua clarividência espiritual. O que o instinto lhe diz, a clarividência espiritual confirma, por mais que a mente esteja ciente das pequenezas, das limitações e das paredes apertadas que impedem o espírito de brilhar ainda mais. Seu espírito advinha em todos os homens aquilo que seu instinto lhe mostra no objeto de seu amor.

O amor dos pais pelos filhos carece da mesma transformação. O amor puramente instintivo, não reprimido pelo pensamento, não informado pelo espírito, é exclusivista, impiedoso e injusto. Os pais puramente instintivos sentem que nenhum benefício aos outros vale um dano sequer a seus próprios filhos. A honra e a moralidade convencional impõem certas limitações práticas importantes ao egoísmo vicário dos pais, pois uma comunidade civilizada exige um mínimo antes de oferecer algum respeito. Mas, dentro dos limites permitidos pela opinião pública, o afeto paterno, quando meramente instintivo, irá procurar a vantagem para os filhos, sem se preocupar com os outros. A mente pode enfraquecer o impulso à injustiça e diminuir a força do amor instintivo, mas não consegue conter toda a força desse amor e direcioná-la a fins mais universais. O espírito pode fazer isso. Pode deixar intacto o amor aos filhos e, pela imaginação, estender para o mundo toda a devoção pungente dos pais. E o próprio amor paternal levará os pais de vida espiritual a ensinar aos filhos o senso de justiça, a disposição para servir, a reverência, a vontade que controla a busca por si mesmo, tudo o que sentem ser um bem maior do que qualquer sucesso pessoal.

Nos últimos tempos, a vida do espírito vem sendo prejudicada por sua ligação com a religião tradicional, por sua aparente hostilidade à vida da mente e pelo fato de parecer centrada na renúncia. A vida do espírito exige disposição para a renúncia quando surge a ocasião, mas, em essência, é tão positiva e capaz de enriquecer a existência individual quanto a mente e o instinto o são. Ela traz consigo a alegria da revelação, do mistério e da profundeza do mundo, a contemplação da vida e, acima de tudo, a alegria do amor universal. Ela liberta os que a possuem do cárcere da insistente paixão pessoal e das preocupações mundanas. Ela dá liberdade, vastidão e beleza aos pensamentos e sentimentos dos homens e a todas as suas relações com os outros. Ela traz solução para as dúvidas e fim ao sentimento de que tudo é vaidade. Ela reestabelece a harmonia entre mente e instinto, traz a unidade separada de volta ao seu lugar na vida da humanidade. É apenas através do espírito que a felicidade e a paz poderão retornar àqueles que um dia adentraram o mundo do pensamento.

8.
O que podemos fazer

O que podemos fazer pelo mundo enquanto vivemos?

Muitos homens e mulheres gostariam de servir à humanidade, mas estão perplexos e sua força parece infinitesimal. O desespero os assola; aqueles que têm a paixão mais forte são os que mais sofrem com essa sensação de impotência e estão mais propensos à ruína espiritual pela perda da esperança.

Enquanto pensamos apenas no futuro imediato, o que podemos fazer não parece muito. Provavelmente nos é impossível pôr fim à guerra. Não conseguimos destruir o poder excessivo do Estado e nem a propriedade privada. Não conseguiremos, aqui e agora, trazer vida nova à educação. Em tais assuntos, embora possamos enxergar o mal, não conseguiremos curá-lo rapidamente por meio de nenhum dos métodos comuns da política. Devemos reconhecer que o mundo é dirigido pelo espírito errado e que uma mudança de espírito não virá de um dia para o outro. Nossas expectativas não devem ser para amanhã, mas sim para o tempo em que o pensamento que hoje é de poucos tenha se tornado o pensamento comum de muitos. Se tivermos coragem e paciência, podemos pensar os pensamentos e sentir as esperanças que, cedo ou tarde, irão inspirar os homens, e então o cansaço e o desânimo vão se tornar energia e ardor. Por esse motivo, a primeira coisa que precisamos fazer é ter bem claro em nossa mente o tipo de vida que julgamos boa e o tipo de mudança que desejamos para o mundo.

O poder supremo dos que são dotados de pensamento vital é muito maior do que parece aos homens que sofrem com a irracionalidade da política contemporânea. A tolerância religiosa foi, no passado, a especulação solitária de uns poucos filósofos ousados. A democracia, enquanto teoria, surgiu de um punhado de homens no exército de Cromwell; e, depois da Restauração, por eles foi levada à América, onde veio a bom termo na Guerra de Independência. Da América, Lafayette e outros franceses que lutaram ao lado de Washington trouxeram a teoria da democracia para a França, onde ela se uniu aos ensinamentos de Rousseau e inspirou a Revolução. O socialismo, seja lá o que pensemos de seus méritos, é uma força grande e em crescimento que está transformando a vida política e econômica; e o socialismo deve sua origem a um número muito pequeno de teóricos isolados. O movimento contra a sujeição das mulheres, que se tornou irresistível e não está longe do triunfo completo, começou do mesmo jeito, com uns poucos idealistas intratáveis – Mary Wollstonecraft, Shelley, John Stuart Mill. Em longo prazo, o poder do pensamento é maior do que qualquer outro poder humano. Os que têm capacidade e imaginação para pensar de acordo com as necessidades dos homens tendem a, cedo ou tarde, alcançar o bem a que visam, embora, provavelmente, não enquanto viverem.

Mas os que querem ganhar o mundo pelo pensamento devem se conformar em perder seu apoio no presente. Grande parte dos homens passa pela vida sem muito questionar, aceitando as crenças e práticas que julgam mais aceitas, sentindo que o mundo será seu aliado se não lhe fizerem oposição. O pensamento novo a respeito do mundo é incompatível com essa aceitação confortável; ele requer certo desprendimento intelectual, certa energia solitária, um poder para dominar internamente o mundo e a perspectiva que o mundo engendra. Não se pode alcançar o pensamento novo sem alguma vontade de ficar sozinho. Mas também não será alcançado, de nenhuma forma, se a solidão for acompanhada por um alheamento que mate o desejo de união com os outros, nem se o desprendimento intelectual levar ao desprezo. É por ser tão sutil e difícil esse estado de espírito, por ser tão complicado ficar intelectualmente desprendido sem ficar alheio, que o pensamento fecundo não é muito comum nos assuntos humanos e que muitos dos teóricos ou são convencionais, ou são estéreis. O tipo certo de pensamento é raro e difícil, mas não é impotente. Se quisermos trazer uma nova esperança para o mundo, não é o medo da impotência que deve nos desviar do pensamento.

Quando se busca uma teoria política que seja útil a todo e qualquer momento, o que se quer não é a invenção de uma utopia, mas a descoberta da melhor direção de movimento. A direção que é boa em uma época pode ser, superficialmente, muito distinta da que é boa em outra. O pensamento útil é o que indica a direção correta no tempo presente. Mas, para julgar qual é a direção correta, há dois princípios gerais que sempre são aplicáveis.

1. Deve-se promover, o máximo possível, o crescimento e a vitalidade de indivíduos e comunidades.

2. O crescimento de um indivíduo ou de uma comunidade deve se dar com o menor prejuízo possível aos outros.

O segundo desses princípios, quando aplicado por um indivíduo em suas relações com os outros, é o princípio da *reverência*, pelo qual a vida do outro tem a mesma importância que sentimos em nossa própria vida. Quando aplicado impessoalmente na política, é o princípio da *liberdade*, ou melhor, inclui o princípio da liberdade. A liberdade em si é um princípio negativo; ela nos diz para não interferir, mas não nos dá nenhuma base de construção. Ela mostra que muitas instituições políticas e sociais são ruins e têm de ser postas de lado, mas não mostra o que se deve colocar no lugar. Por esse motivo, se quisermos que nossa teoria política não seja puramente destrutiva, temos de adicionar mais um princípio.

A combinação de nossos dois princípios não é tarefa fácil na prática. Boa parte da energia vital do mundo aflui por canais de manifestação opressivos. Os alemães vêm se mostrando extraordinariamente cheios de energia vital, mas, infelizmente, de uma forma que parece incompatível com a vitalidade de seus vizinhos. A Europa, de modo geral, tem mais energia vital que a África, mas, por meio do industrialismo, vem utilizando sua energia para exaurir a África da vida que os negros tinham. A vitalidade do sudeste da Europa vem sendo exaurida para suprir de mão de obra barata os empreendimentos dos milionários norte-americanos. A vitalidade dos homens foi, no passado, um obstáculo ao desenvolvimento das mulheres, e é possível que, no futuro próximo, as mulheres venham a ser um obstáculo semelhante aos homens. Por esses motivos, o princípio da reverência, embora não seja suficiente em si mesmo, é de extrema importância e capaz de indicar muitas das mudanças políticas que o mundo requer.

Para que ambos os princípios possam ser satisfeitos, é necessário uma unificação ou integração, primeiro de nossas vidas individuais, depois da vida da comunidade e do mundo, sem sacrifício da individualidade. A vida de um indivíduo, a vida de uma comunidade e até mesmo a vida da humanidade não pode ser vários fragmentos separados, mas sim compor, em certo sentido, um todo. Quando isso acontece, o crescimento do indivíduo se fortalece e não se torna incompatível com o crescimento dos outros indivíduos. Desse modo, os dois princípios ficam em harmonia.

O que integra uma vida individual é um propósito criativo consistente ou uma direção inconsciente. O instinto sozinho não será suficiente para dar unidade à vida de um homem civilizado ou de uma mulher civilizada: é preciso haver um objetivo dominante, uma ambição, um desejo de criação científica ou artística, um princípio religioso, ou um afeto forte e duradouro. A unidade da vida é muito difícil para um homem ou uma mulher que tenham sofrido certo tipo de derrota, do tipo que reprime e faz abortar o que poderia ter sido o impulso dominante. A maioria das profissões inflige esse tipo de derrota a um homem logo de início. Se um homem se torna jornalista, provavelmente terá de escrever para um jornal cujo posicionamento político lhe desagrada; isso mata seu orgulho de trabalhar e seu senso de independência. A maioria dos médicos descobre que é muito difícil obter êxito sem charlatanismo, o qual destrói toda e qualquer consciência científica que poderiam ter. Os políticos são obrigados não apenas a engolir o programa do partido, mas também a se fingirem de santos para cativar os eleitores religiosos; é muito difícil que um homem entre no Parlamento sem hipocrisia. Em nenhuma profissão há qualquer respeito pelo orgulho inato, sem o qual homem algum consegue se manter íntegro; o mundo o esmaga impiedosamente, porque ele implica independência e os homens desejam escravizar os outros mais do que serem livres eles mesmos. A liberdade interior é infinitamente preciosa, e uma sociedade que a preserve incomensuravelmente desejável.

O princípio do crescimento em um homem não é necessariamente esmagado quando se previne que ele faça alguma coisa definida, mas quase sempre se esmaga quando ele é persuadido a fazer alguma outra coisa. As coisas que esmagam o crescimento são as que produzem uma sensação de impotência nas direções em que o impulso vital deseja ser efetivo. As piores coisas são as que a vontade aprova. Muitas vezes, principalmente pelo fracasso do autoconhecimento, a vontade de um homem está em um nível mais baixo do que seu impulso: seu impulso tende a um tipo de criação, enquanto sua vontade tende a uma carreira convencional, com rendimentos suficientes e o respeito dos contemporâneos. A figura estereotipada dessa realidade é o artista que produz obras de baixa qualidade para agradar ao público. Mas há algo da exatidão do impulso do artista em muitos homens que não são artistas. Porque o impulso é profundo e mudo, porque o chamado senso comum muitas vezes lhe é contrário, porque um jovem só pode segui-lo se estiver disposto a erguer seus próprios sentimentos obscuros contra a sabedoria e as máximas prudentes dos mais velhos e dos amigos, acontece em 99 casos de cada cem que o impulso criativo, do qual poderia brotar uma vida livre e vigorosa, é reprimido e frustrado logo de saída:

o jovem consente em se tornar um instrumento, e não um trabalhador independente, um simples meio para a realização dos outros, e não o artífice daquilo que sua própria natureza sente ser bom. No momento em que executa esse ato de consentimento, algo morre dentro dele. Nunca mais poderá ser um homem por inteiro, nunca mais terá o respeito próprio intacto e o orgulho altivo, que poderiam mantê-lo feliz em seu íntimo, a despeito de todos os problemas e dificuldades externas — a não ser, de fato, por meio de uma conversão ou de uma mudança fundamental em seu modo de vida.

As proibições exteriores as quais a vontade não apoia são muito menos prejudiciais que os estímulos mais sutis que seduzem a vontade. Uma decepção séria no amor pode causar a dor mais pungente, mas, para um homem vigoroso, não fará o mesmo dano que um casamento por dinheiro. A realização desse ou daquele desejo especial não é essencial: o essencial é a direção, o tipo de efetividade que se procura. Quando o impulso fundamental encontra a oposição da vontade, ele se sente desamparado: não tem mais esperança o suficiente para ser poderoso como motivo. A compulsão exterior não causa o mesmo dano, a não ser que produza a mesma sensação de impotência; e não vai produzir a mesma sensação de impotência se o impulso for forte e corajoso. Certa frustração de desejos especiais é inevitável, até mesmo na melhor comunidade que se possa imaginar, pois os desejos de alguns homens, quando não reprimidos, levam à opressão e à destruição dos outros. Em uma comunidade boa, Napoleão talvez não pudesse ter seguido a profissão de sua escolha, mas poderia encontrar felicidade como desbravador do Oeste norte-americano. Ele jamais poderia encontrar felicidade trabalhando como funcionário do município, e nenhuma organização social tolerável poderia obrigá-lo a trabalhar com isso.

A integração de uma vida individual demanda que ela corporifique todo e qualquer impulso criativo que um homem possa ter e que sua educação tenha sido tal que induza e fortifique esse impulso. A integração de uma comunidade demanda que os diferentes impulsos criativos de diferentes homens e mulheres trabalhem juntos em prol de uma vida comum, de um propósito comum, não necessariamente consciente, em que todos os membros encontrem ajuda para sua realização individual. A maioria das atividades que surgem dos impulsos vitais consiste em duas partes: uma criativa, que promove a própria vida e a dos outros com o mesmo tipo de impulso ou circunstâncias; e outra possessiva, que dificulta a vida de um grupo com um tipo diferente de impulso ou circunstâncias. Por esse motivo, muito do que é, em si mesmo, vital pode, apesar de tudo, atuar contra a vida, como, por exemplo, o puritanismo do século XVII fez na Inglaterra, ou como o nacionalismo faz em toda a Europa nos dias de hoje. A vitalidade facilmente leva à contenda ou à opressão e, portanto, à perda da vitalidade. A guerra, em seu início, integra a vida da nação, mas desintegra a vida do mundo e, quando é tão severa quanto a guerra atual, também desintegra, em longo prazo, a vida da nação.

A guerra deixou claro que é impossível produzir uma sólida integração da vida de uma única comunidade enquanto as relações entre países civilizados forem governadas pela desconfiança e pela agressividade. Por esse motivo, um movimento de reforma realmente poderoso terá de ser internacional. Um movimento meramente nacional por certo irá fracassar por causa do temor ao perigo externo. Os que desejam um mundo melhor, ou mesmo uma melhora radical em seu próprio país, terão de cooperar com aqueles que têm desejos semelhantes em outros países e de dedicar muito de sua energia para superar a hostilidade cega que a guerra intensificou. Não será nas integrações parciais, tais como as que o patriotismo pode produzir, que se encontrará alguma esperança suprema. O problema é, tanto nas questões nacionais e internacionais quanto na vida individual, assegurar o que há de criativo nos impulsos vitais e, ao mesmo tempo, desviar para outros canais a parcela que hoje é destrutiva.

Os impulsos e desejos dos homens podem ser divididos entre os que são criativos e os que são possessivos. Algumas de nossas atividades se direcionam para a criação daquilo que, de outro modo, não existiria; outras se direcionam para a aquisição ou retenção do que já existe. O impulso criativo típico é o do artista; o impulso possessivo típico é o de propriedade. A melhor vida é aquela na qual os impulsos criativos desempenham o maior papel e os impulsos possessivos, o menor. As melhores instituições são as que produzem a maior criatividade possível e a menor possessividade compatível com a autopreservação. A possessividade pode ser defensiva ou agressiva: no código criminal, ela é defensiva; nos criminosos, agressiva. Talvez se possa admitir que o código criminal é menos abominável do que o criminoso e que a possessividade defensiva será inevitável enquanto existir a possessividade agressiva. Mas nem mesmo as formas mais puramente defensivas da possessividade são, em si mesmas, admiráveis; na verdade, assim que ficam fortes, elas se tornam hostis aos impulsos criativos. "Não andeis, pois, inquietos dizendo, Que comeremos? ou Que beberemos? ou Com que nos vestiremos?" Quem quer que tenha conhecido um impulso criativo forte conheceu também o valor deste preceito em seu sentido exato e literal: é a preocupação com a posse, mais do que qualquer outra coisa, que impede os homens de viverem livre e nobremente. O Estado e a propriedade são as grandes corporificações da possessividade; é por esse motivo que eles são contra a vida e que fazem a guerra. Posse significa tomar ou manter uma coisa boa da qual os outros ficam impedidos de desfrutar; criação significa colocar no mundo uma coisa boa da qual, de outro modo, ninguém poderia desfrutar. Como os bens materiais do mundo devem ser divididos entre a população e como alguns homens são bandoleiros por natureza, é preciso haver a posse defensiva, a qual será, em uma comunidade boa, regulada por algum princípio de justiça impessoal. Mas tudo isso é apenas o prefácio para uma vida boa ou para instituições políticas boas, nas quais a criação vai prevalecer sobre a posse e a justiça distributiva existirá como algo natural e desinteressante.

O princípio supremo, tanto na política quanto na vida privada, deveria ser o de *promover tudo o que for criativo e, assim, diminuir os impulsos e desejos que giram em torno da posse*. O Estado dos dias de hoje é, em larga medida, uma corporificação dos impulsos possessivos: internamente, ele protege o rico contra o pobre; externamente, usa sua força para explorar as raças inferiores e competir com outros Estados. Todo o nosso sistema econômico se ocupa exclusivamente da posse; ainda assim, a produção de bens é uma forma de criação e pode proporcionar, exceto quando irremediavelmente mecânica e monótona, um veículo para os impulsos criativos. Muito se caminharia para esse objetivo se os produtores de certo tipo de mercadoria formassem uma democracia autônoma, sujeita ao controle estatal no que concerne ao preço da mercadoria, mas não ao modo da produção.

Educação, casamento e religião são essencialmente criativos, mas, mesmo assim, todos os três vêm sendo contaminados pela intrusão de motivos possessivos. A educação é, geralmente, tratada como um meio de prolongar o *status quo*, instilando preconceitos, e não como um meio de criar um pensamento criativo e uma visão de mundo nobre, dando exemplos de sentimentos generosos e estimulando a aventura mental. No casamento, o amor, que é criador, fica acorrentado pelo ciúme, que é possessivo. A religião, que deveria libertar a visão criativa do espírito, normalmente está mais preocupada em reprimir a vida do instinto e combater o pensamento subversivo. De todos esses modos, o medo que brota da posse precária substituiu a esperança inspirada pela força criativa. O desejo de espoliar os outros é, em teoria, reconhecido como mal; mas o medo de ser espoliado não é muito melhor. Ainda assim, esses dois motivos, juntos, dominam 90% da política e da vida privada.

Os impulsos criativos em diferentes homens são essencialmente harmoniosos, pois o que um homem cria não pode ser obstáculo ao que outro deseja criar. Os impulsos possessivos é que envolvem conflito. Embora os impulsos criativos e possessivos sejam moral e politicamente opostos, psicologicamente uns se transformam nos outros sem qualquer dificuldade, conforme os acidentes da circunstância e da oportunidade. A gênese dos impulsos e as causas que os fazem mudar mereceriam ser estudadas; a educação e as instituições sociais deveriam ser tais que fortalecessem os impulsos que se harmonizam nos diferentes homens e que enfraquecessem os que envolvem conflito. Não tenho dúvida de que é quase ilimitado o que se pode conquistar desse modo.

É mais pelo impulso do que pela vontade que as vidas individuais e a vida da comunidade podem obter a força e a unidade de uma direção única. Há dois tipos de vontade, uma se dirige para o exterior e a outra, para o interior. A primeira, que se dirige para o exterior, é posta em ação por obstáculos externos, seja pela oposição dos outros, seja pelas dificuldades técnicas de um empreendimento. Esse tipo de vontade é, sempre que o êxito instantâneo é impossível, uma expressão de forte impulso ou desejo; existe em todos os que têm vida vigorosa e só decai quando sua força vital se enfraquece. Esse tipo de vontade é necessário ao sucesso de toda e qualquer empreitada e, sem ele, as grandes conquistas são muito raras. Mas a vontade que se dirige para dentro só é necessária quando existe um conflito interno de impulsos ou desejos; uma natureza perfeitamente harmônica não daria ocasião nenhuma para a vontade interior. Uma harmonia assim perfeita é, sem dúvida, um ideal dificilmente realizável: em todos os homens, surgem impulsos que são incompatíveis com seu propósito central e que precisam ser reprimidos, caso não se queira que toda a sua vida seja um fracasso. Mas isso acontece com menos frequência naqueles cujos impulsos centrais são mais fortes; e acontece com menos frequência em uma sociedade que busca a liberdade do que em uma sociedade como a nossa, que está repleta de incompatibilidades artificiais, criadas por instituições antiquadas e por uma opinião pública tirânica. O poder de usar a vontade interior quando surge a ocasião deve ser uma necessidade permanente para aqueles que desejam que sua vida corporifique algum propósito central, mas, com melhores instituições, as ocasiões em que a vontade interior se faz necessária poderão se tornar menos frequentes e importantes. Esse resultado é muito desejável, porque, quando a vontade reprime os impulsos que são apenas acidentalmente prejudiciais, ela desvia uma força que poderia ser gasta para superar obstáculos exteriores, e se os impulsos reprimidos forem fortes e sérios, ela realmente vai diminuir a força vital disponível. É provável que uma vida repleta de inibições não consiga ser muito vigorosa e que se torne apática e sem sabor. O impulso tende a morrer quando é constantemente reprimido; e, se não morre, fica apto a atuar de modo clandestino e a assumir uma forma muito pior do que aquela sob a qual foi reprimido. Por esses motivos, a necessidade de se usar a vontade interior deve ser evitada tanto quanto possível, e a consistência da ação deve surgir da consistência do impulso, e não do controle do impulso pela vontade.

A unificação da vida não deve exigir a supressão dos desejos casuais que geram a diversão e a brincadeira; ao contrário, tudo deve ser feito para facilitar a combinação dos principais propósitos da vida com todos os tipos de prazer que não sejam prejudiciais por natureza. Coisas como a embriaguez habitual, as drogas, os esportes cruéis ou o prazer em infligir dor são essencialmente prejudiciais, mas a maioria dos divertimentos de que naturalmente gostam os homens civilizados não são nem um pouco prejudiciais, ou são prejudiciais apenas acidentalmente, por algum efeito que poderia ser evitado em uma sociedade melhor. Não precisamos de ascetismo, nem de um puritanismo tedioso, mas sim de capacidade para impulsos fortes e desejos direcionados para fins amplos e criativos. Quando tais impulsos e desejos são vigorosos, trazem consigo, de dentro de si mesmos, o necessário para criar uma vida boa.

Mas, embora o divertimento e a aventura devam ter sua parte, é impossível criar uma vida boa se eles forem o que se deseja acima de tudo. O subjetivismo, o hábito de direcionar o pensamento e o desejo para nossos próprios estados de mente, ao invés de direcioná-los para algo objetivo, torna a vida inevitavelmente fragmentária e não progressiva. O homem para quem o divertimento é a finalidade da vida tende a gradualmente perder interesse pelas coisas nas quais não se habituou a obter divertimento, pois não valoriza essas coisas pelo que são, mas apenas pelas sensações que provocam nele. Quando elas não são mais divertidas, o aborrecimento o leva a procurar algum estímulo novo, que, por sua vez, também irá desapontá-lo. O divertimento consiste em uma série de momentos sem nenhuma continuidade essencial; um propósito que unifica a vida requer uma atividade prolongada, é como construir um monumento, e não um castelo de criança feito de areia.

O subjetivismo assume outras formas além da mera busca pelo divertimento. Muitos homens, quando amam, ficam mais interessados em sua própria emoção do que no objeto de seu amor; tal amor não leva a nenhuma união essencial, ao contrário, deixa inalterada uma separação fundamental. Tão logo a emoção se torne menos vívida, a experiência já terá servido a seu propósito e não parecerá haver motivo para prolongá-la. De outro modo, o mesmo mal do subjetivismo foi fortalecido pela religião e moralidade protestantes, pois estas dirigiram a atenção ao pecado e ao estado da alma, e não ao mundo exterior e às nossas relações com ele. Nenhuma dessas formas de subjetivismo pode evitar que a vida de um homem seja fragmentária e isolada. Só uma vida que nasça de impulsos dominantes direcionados para fins objetivos pode ser um todo satisfatório, ou estar intimamente ligada à vida dos outros.

A busca do prazer e a busca da virtude sofrem de subjetivismo: o epicurismo e o estoicismo foram contaminados pela mesma infecção. Marco Aurélio, promulgando boas leis para ser virtuoso, não é uma figura cativante. O subjetivismo é uma consequência natural de uma vida na qual há muito mais pensamento do que ação: enquanto as coisas externas forem relembradas ou desejadas, e não experimentadas de fato, elas parecerão apenas ideias. O que são em si mesmas se torna menos interessante para nós do que os efeitos que produzem em nossas mentes. Tal resultado tende a se produzir pelo avanço da civilização, pois o avanço da civilização diminui continuamente a necessidade de ação vívida e aumenta as oportunidades para o pensamento. Mas o pensamento não trará esse resultado ruim se for ativo, direcionado para a realização de algum propósito; é somente o pensamento passivo que leva ao subjetivismo. O necessário é manter o pensamento em íntima união com impulsos e desejos, sempre fazendo dele mesmo uma atividade com propósito objetivo. Caso contrário, pensamento e impulso se tornarão inimigos, com grande prejuízo para ambos.

Para tornar menos fragmentária e isolada a vida de homens e mulheres comuns e para dar maior oportunidade à realização de impulsos criativos, não basta saber a meta que queremos alcançar, nem proclamar a excelência do que desejamos conseguir. É preciso compreender o efeito das crenças e das instituições sobre a vida do impulso e descobrir modos de aperfeiçoar esses efeitos por meio de uma mudança nas instituições. Mas, quando esse trabalho intelectual estiver feito, nosso pensamento ainda continuará estéril, a menos que consigamos colocá-lo em relação com alguma força política poderosa. A única força política poderosa de que se pode esperar alguma ajuda na realização das mudanças que parecem necessárias é o proletariado. As mudanças necessárias são, em grande medida, as que o proletariado por certo irá bem receber, especialmente durante o duro período depois da guerra. Quando a guerra acabar, a classe trabalhadora descontente sem dúvida vai prevalecer por toda a Europa e constituir uma força política por meio da qual se poderá realizar uma reconstrução imensa e avassaladora.

Se quisermos salvá-lo da decadência, o mundo civilizado precisa de uma mudança fundamental – uma mudança tanto na estrutura econômica quanto na filosofia da vida. Aqueles de nós que sentimos a necessidade da mudança não devemos ficar parados, em desespero inerte: podemos, se quisermos, influenciar profundamente o futuro. Podemos descobrir e pregar o tipo de mudança que se requer, o tipo que preserva o que é positivo nas crenças vitais de nosso tempo e, ao eliminar o que é negativo e inessencial, produz uma síntese a que poderão se aliar todos os que não forem puramente reacionários. Assim que se tornar claro de que *tipo* de mudança precisamos, será possível elaborar suas partes com mais detalhes. Mas, antes de a guerra terminar, os detalhes não serão muito úteis, pois não sabemos que tipo de mundo a guerra vai deixar. A única coisa que parece indubitável é que o pensamento novo será muito necessário no mundo novo produzido pela guerra. As visões tradicionais não serão de muita ajuda. Está claro que as ações mais importantes dos homens não são guiadas pelo tipo de motivos enfatizados pelas filosofias políticas tradicionais. Os impulsos que produziram e mantiveram a guerra vêm de uma região mais profunda do que a maioria das discussões políticas. E a oposição à guerra, por parte dos poucos que se opuseram a ela, vem da mesma região profunda. Se quiser se manter firme em tempos de tensão, uma teoria política deve levar em conta os impulsos que estão na base do pensamento explícito: deve recorrer a eles e descobrir como torná-los frutíferos ao invés de destrutivos.

Os sistemas econômicos têm grande influência na promoção e na destruição da vida. À exceção da escravidão, o sistema industrial de hoje é o mais destrutivo que jamais existiu. O maquinário e a produção em larga escala são agora inextirpáveis e devem sobreviver em todo e qualquer sistema melhor que venha a substituir este em que vivemos. A democracia federal industrial é, provavelmente, a melhor direção para a reforma.

As filosofias de vida, quando são amplamente aceitas, também têm uma influência muito grande sobre a vitalidade da comunidade. A filosofia de vida mais amplamente aceita hoje em dia é a de que o mais importante para a felicidade de um homem são seus rendimentos. Sem mencionar seus outros deméritos, essa filosofia é prejudicial porque leva os homens a visar ao resultado e não à atividade, à fruição de bens materiais, que não diferenciam os homens, e não ao impulso criativo, que corporifica a individualidade de cada homem. Filosofias mais refinadas, como as incutidas pela educação superior, são por demais predispostas a fixar sua atenção mais no passado do que no futuro, mais no comportamento correto do que na ação efetiva. Não é nessas filosofias que os homens irão encontrar a energia para suportar com leveza o peso da tradição e do conhecimento que vai sempre se acumulando.

    O mundo precisa de uma filosofia, ou de uma religião, que promova a vida. Mas, para promover a vida, é necessário valorizar alguma coisa para além da mera vida. A vida dedicada apenas à vida é animal, sem nenhum valor realmente humano, incapaz de proteger permanentemente os homens do tédio e da sensação de que tudo é vaidade. Se quisermos que a vida seja plenamente humana, ela deve servir a algum fim que pareça, em certo sentido, exterior à vida humana, algum fim que seja impessoal e esteja acima da humanidade, tal como Deus, a verdade ou a beleza. Aqueles que melhor promovem a vida não têm a própria vida como propósito. Eles visam, antes, a algo que parece ser uma encarnação gradual, a algo que traz para nossa existência humana uma coisa eterna, uma coisa que à imaginação parece viver em um paraíso muito distante da luta, do fracasso e das presas devoradoras do tempo. O contato com esse mundo eterno – ainda que seja apenas um mundo de nossa imaginação – traz uma força e uma paz fundamental que não podem ser totalmente destruídas pelas lutas e pelos fracassos aparentes de nossa vida temporal. É essa contemplação feliz do eterno que Spinoza chama de amor intelectual de Deus. E é essa a chave da sabedoria daqueles que chegaram a conhecê-lo.

    O que temos de fazer na prática é diferente para cada um de nós, conforme nossas capacidades e oportunidades. Mas, se tivermos a vida do espírito dentro de nós, ficará claro o que devemos fazer e o que devemos evitar.

Ao entrar em contato com o eterno, ao dedicar nossa vida a trazer algo do divino para este mundo turbulento, podemos fazer que nossas próprias vidas sejam criativas, até mesmo no meio da crueldade, da luta e do ódio que nos cerca por todos os lados. Fazer que a vida individual seja criativa é muito mais difícil em uma comunidade baseada na posse do que seria em uma comunidade como a que o esforço humano poderá ser capaz de construir no futuro. Aqueles a quem cabe começar a regeneração do mundo devem encarar a solidão, a oposição, a pobreza e a infâmia. Devem ser capazes de viver pela verdade e pelo amor, com uma insuperável esperança racional; devem ser honestos e sábios, destemidos e guiados por um propósito consistente. Um grupo de homens e mulheres assim inspirados vencerá – primeiro, as dificuldades e perplexidades de suas vidas individuais e, depois, com o tempo, talvez só depois de muito tempo, o mundo exterior. O mundo precisa de sabedoria e esperança; e, embora lute contra elas, também lhes dá, no fim, seu respeito.

Quando os godos saquearam Roma, Santo Agostinho escreveu *A cidade de Deus*, colocando uma esperança espiritual no lugar da realidade material que fora destruída. Pelos séculos que se seguiram, a esperança de Santo Agostinho viveu e deu vida, enquanto Roma se reduziu a uma vila de casebres. Nós também precisamos criar uma nova esperança, construir com nosso pensamento um mundo melhor do que este que se precipita para a ruína. Como os tempos são ruins, mais se exige de nós do que seria exigido em tempos normais. Somente uma chama suprema de pensamento e espírito poderá salvar as futuras gerações da morte que sobreveio à geração que conhecemos e amamos.

Como professor, tive o privilégio de entrar em contato com jovens de diversas nações – jovens em quem a esperança estava viva, em quem existia uma energia criativa que teria realizado no mundo pelo menos uma parte da beleza imaginária pela qual eles viviam. Eles foram arrastados para a guerra, uns de um lado, uns do outro. Alguns ainda estão guerreando, alguns estão mutilados para sempre, alguns estão mortos; dos que sobreviveram, é de se temer que muitos tenham perdido a vida do espírito, que a esperança tenha morrido, que a energia tenha sido desperdiçada e que os anos por vir sejam apenas uma jornada fatigante até o túmulo. A toda essa tragédia, não poucos dos que ensinam parecem ser insensíveis: com uma lógica impiedosa, provam que esses jovens se sacrificaram inevitavelmente por um objetivo frio e abstrato; imperturbáveis, logo voltam ao conforto depois de qualquer assalto momentâneo de sentimento. Nesses homens a vida do espírito está morta. Se estivesse viva, iria ao encontro do espírito dos jovens, com um amor tão pungente quanto o amor de um pai ou de uma mãe. Iria ignorar as barreiras do eu; a tragédia dos outros seria a sua própria tragédia. Alguma coisa gritaria:

> Não, isso não é certo; isso não é bom, não é uma causa sagrada essa que destrói e apaga o brilho da juventude. Fomos nós, os mais velhos, que pecamos; mandamos esses jovens para o campo de batalha por causa de nossas paixões perversas, de nossa morte espiritual, de nosso fracasso em viver generosamente, a partir do calor do coração e da revelação vívida do espírito. Vamos nos libertar desta morte, pois nós é que estamos mortos, não os jovens que morreram pelo nosso medo de viver. Seus fantasmas

têm mais vida do que nós: eles nos mostrarão para sempre a vergonha e a infâmia de todas as eras por vir. De seus fantasmas deverá surgir a vida, e é a nós que devem vivificar.

Índice remissivo

A letra "n" após a numeração das páginas indica remissão em notas de rodapé.

A

abuso de poder, 18-9
ação industrial, 50, 62-3
aceitação passiva, na educação, 132, 135
adultério, penalidade por, 141-2
África, 101, 188
agressão, 11-2, 41, 73-4
alegria de viver, 14
Alemanha
    e ciência, 76
    energia vital, mau uso da, 188
    e Inglaterra, 65-7, 94
    impulso de resistência à, 12
    inveja dos governantes, 65-7
    militarismo da, 69
    nacionalismo/patriotismo da, 22, 64
    "perversidade" dos alemães, 4
    religião, 95
    riqueza comparativa, 64
    e veneração pelo dinheiro, 94
Allen & Unwin, XVI
alianças entre nações, 85
aluguel, 101
amor, 14
    desapontamento no, 191
    homem e mulher, 157, 180-2, 195
    pelos filhos, 183-4
    religioso, 176
anarquia, 34-5, 46, 169
Aquino, Tomás de, 165
arte/criação artística, 9, 14, 28, 77, 175n, 189
Atenas, 125
The Atlantic Monthly, XVI
Aurélio, Marco, 199
Austrália, 45
Áustria, 40

autoconhecimento, 190
autodestruição, impulso à, 4
autodisciplina, 128-9
autoridade
　no casamento, 153-4
　na educação, 117-8
　do Estado, 41
　função da, 51
　e as instituições, 14, 17-8, 23
　laços tradicionais baseados na, 153
　e obediência, 126
　e religião, 17-8
aventura mental, 132-3
aversão em comum, 23-4

B
Batalha de Waterloo, 120-1
bens materiais, religião dos, 90
Bentham, Jeremy, IX
"boas maneiras", 123-4
Burns, Delisle, XVII
Butler, sir William, 73

C
Câmara dos Lordes, 141-2
capitães de indústria, 103
capital e trabalho, conflito entre, 22
capitalismo, 96-7, 109-10
Carlyle, T., 24-5, 28
casamento, 26-7, 137-61
　adiamento do, 91-2
　ideal antigo de, 142-55
　como instituição política, 137-8
　e a lei, 139, 141-2, 151-2, 160-1
　novas formas de, 155-6
　possessividade do, 194-5
catolicismo, 146, 148, 164, 169
Caxton Hall, Londres, XI, XII
Century Company, XVI
ciclos instintivos, 174
Cidade-Estado, 59
ciência/pesquisa científica, 54, 76
　homens de ciência, 175
ciganos, 54
civilização/vida civilizada, 41-2, 52, 148, 199-200
classe média, 145-6
classes profissionais, 146
classes sociais, 138
　e veneração pelo dinheiro, 91-3
classe social, mobilidade, 146
classe trabalhadora, 146
clérigos/profissão clerical, 165
compaixão, 4
compatriotas, gostar instintivo, 26-7, 43
compreensão, 4
comunidade, 5, 41
　de nações, 22
Concílios Gerais, falibilidade dos, 19

Confédération Générale du Travail, 42
conflito, 22-3, 61, 75, 78, 85-6
conflito de interesses, 112, 144-5
conhecimento, 163, 170-1
conservadorismo, 107-8, 163-4
construtivo, instinto, 14, 109
contentamento/prazer, 75, 90
cooperação, 23, 27-9, 31
corrupção, 174
cosmopolitismo, 45
credos, 40-1, 166
crenças, 3-5, 124
crescimento da árvore, 15-6
crescimento frustrado, 15, 27
crescimento
    comparação com as árvores, 16
    crescimento desimpedido, 27, 108-9
    princípios do, XVII, 22, 190
criatividade, 190-1, 193-4
    e ciência, 167
    sufocante, 110
crime, temor ao, 41
cristianismo, 17-8, 35-6, 44-5, 137, 168
Cromwell, Oliver, 186
curiosidade, 8, 170

D
Dante, 165, 182
democracia
    e a Grande Guerra, 12
    industrial, 114
    e instrução, 53-4
    e obediência, 37
    e opressão, e o poder do Estado, 47
    prevenção da, 83-4
    e reforma, 201
    teoria da, 186
desejos
    das esposas, 154
    dos estadistas, 70-1
    e felicidade, 62
    frustração dos, 191
    e impulsos, 5-6, 9, 15-6, 170-1
    natureza humana, 174
    e as necessidades, 158-9
    de riqueza, 77
    e veneração pelo dinheiro, 90
déspotas orientais, 17, 37
dinheiro
    e educação, 119, 131
    empréstimo de, 100-1
    veneração pelo, 77, 89-96
diretores, conferências de, 49
disciplina, 11, 125-8
disposição inata, 28
disputas trabalhistas, 50, 62
divórcio, despesas com, 138
doenças infecciosas, prevenção das, 53
dor, e repressão dos impulsos, 8

E

educação, 115-35
  como adestramento, 125
  despesas da, 107
  ideais de (visão de Bertrand Russell), 125-7
  objetivo maior da, 115
  obrigatória, 53-4
  e patriotismo, 43
  perigos da, 130
  poder da, 116
  e política, 115-6
  e possessividade, 194
  relato subjetivo dos fatos, 121
  e reverência, 118-9
  teóricos, 115
educação elementar, 122, 128-9
educação superior, 120
emprego, *ver* trabalho
energia vital, mau uso da, 188
epicurismo, 199
equilíbrio de poder, 79
escolas públicas, 92, 122-3
Esparta, 125
esperança, 134-5
espírito, vida do, 182
  e amor, 181-2
  harmonia com o instinto e a mente, 172-4
  e religião, 184
  e sentimento impessoal, 171
Estado, 33-59
  autoridade do, 49
  civil e militar, 81-4
  e a comunidade civilizada, 130
  e educação, 119
  egoísmo do, 39
  funções do, *ver* funções do Estado
  iniciativa, supressão, 47
  e a lei, 34-5, 51
  metas do, 47-8
  organizações poderosas dentro do, 58
  poder do, *ver* poder do Estado
  política externa do, 48-9
  possessividade do, 193-4
  propósitos positivos, 56
  propriedade privada, 99
  religião, atitude perante, 122
  e veneração pelo dinheiro, 94
Estado-Mundo, 51, 79, 81, 86
Estados Unidos
  desamparo dos cidadãos nos, 46-7
  dinheiro, respeito aos, 77
  como Estado livre, 35-6
  Guerra de Independência, 186
  e Inglaterra, 35-6, 85
  reputação de Bertrand Russell nos, XV
  a salvo de agressões, 48
  e veneração pelo dinheiro, 91

esterilização, 151
estoicismo, 199
estradas de ferro, 54
estrangeiros, 34, 36, 39-40, 43
eugenia, 152
Europa, 79-80, 188
Evangelhos, 168-9
Eve's Ransom (Gissing), 89
Exército, 34, 38-39n, 39, 81-2

F

famílias, limitação da prole
   casamento tardio, 92-3
   considerações econômicas, 95-6, 143, 150-2, 158-9
   entre pessoas inteligentes, 147-8
febre de guerra, 5, 63, 70, 72-74
federação de Estados, 51
felicidade
   atividade dependente da, 75
   no casamento, 159
   e desejos, 62
   e dinheiro, 90, 95, 105
   pertencimento ao grupo, 40
filhos
   amor pelos, 183-4
   e casamento, 138
   despesas com, 92-3, 107, 143, 150, 152-3, 158
   necessidade de, 158
   ver também educação
Filipe II, 80

filosofia atomista, XVI-XVII
força dos neutros, 63
força
   externa, 48
   e lei, 34-5
   pela polícia, contra a guerra, 62
   substituto jurídico da, 51
França
democracia na, 186
   direitos de herança, 93, 102
   língua francesa, 21
   como nação civilizada, 65
   população da, 145-6
   Revolução Francesa, 42, 80, 186
   e veneração pelo dinheiro, 93-4
funções do Estado, 34-5
   civis, 81
   não essenciais, 34
   positivas, 52-3

G

George Allen & Unwin Ltda, XVI
Gissing, George R, 89
Godwin, William, XVIII
gostar instintivo
   e casamento, 26
   pelos compatriotas, 26-7, 43
   e natureza humana, 27
   e propósito comum, 23-4
governo local, 57

governos
  ambições do, 4
  viés pessoal, 50-1
Grande Guerra (Primeira Guerra Mundial)
  ânimo das partes ao participar da, 66-9
  e impulsos, 12
  natureza unificadora da, 18-9
  ofensiva do Somme (1916), XIV-XV
  perdas na, IX
  visões inadequadas da, Bertrand Russell sobre as, 4
greves, 50, 62
grupos biológicos, 23
guerra
  causas principais da, 85-6
  eficiência na promoção da, 46
  fenômeno da, 36
  versus força policial, 62
  impulsos à, 63-4, 74-5, 201
  como inimiga da liberdade, 59
  como instituição, 61-88
  e poder do Estado fora das próprias fronteiras, 39
  poder na, 48
  ver também estrangeiros, força contra
Guerra Hispano-Americana (1898), 76
Guild Socialism [socialismo de guilda], XVII

H

Hart, Bernard, XI
Haynes, E.S.P., 139-40
hegemonia, 79-81, 153
herança, 102-3
hereges, 19
heroísmo, 87
Hibbert Journal, XVII
Hicks, G. Dawes, XVII, XVIII
hipocrisia, 94, 142-3
História, ensino de, 120
homens e mulheres, conflitos entre, 22-3
hostilidade, 4, 13, 127
humildade, do educador, 118
humilhação, 68

I

Idade Média, 17, 42, 164-5
Igreja
  e a educação, 119
  perigos da, 166-7
  poder da, 37
  e sentimento tribal, 40-1
  e a sociedade medieval, 18-9
Igreja Anglicana, 140-1
imoralidade, 142
imperialismo, 11-2, 68-9
Império Romano, 47, 75, 79, 148
impulsos, X-XI, XVII, 4-16
  agressão e resistência à regressão, 12
  para atividades, 6-9, 61

criativos, 190-1, 193-5
e desejos, 6, 8-9, 15-6, 193
força dos, 8, 10, 29
para a guerra, 63, 74-5, 201
modificação dos, 10-1
morte como falta de, 13
e punição, 28-9
e religião, 170
repressão aos, 8
para o sacrifício, 44
e vontade, 196
impulsos cegos, 10
impulsos fortes, 7, 10
inconsciência, 7
independência, 47-8
  de pensamento, 132
Índia, 79
individualismo/individualidade, 34, 45, 156-7
industrialismo, 10, 30-1, 94-5, 114
Inglaterra
  e Alemanha, 65-7, 94
  direitos de herança, 102-3
  doutrina do Equilíbrio de Poder, 79-80
  elisabetana, 108
  e Estados Unidos, 35, 85
  como Estado livre, 35
  Irlanda, opressão da (na visão de Bertrand Russell), 84
  lei de casamento, 138, 141
  liberdade política da, 64-5

e nacionalismo, 45
Pax Britannica, 79
população da, 145
puritanismo na, 192
e veneração ao dinheiro, 91-2, 94
iniciativa, 47, 57, 111
injustiça, 14, 53-5, 100
injustiça artificial, lei, 100
Inocêncio III, 164
instintos maternais, ausência de, 143-4, 150-1
instinto, vida do
  e amor, 182
  harmonia com a mente e o espírito, 172-4
  importância do, 175-6
  não refinada, 177-8
  e natureza animal, 170
instituições, 30-1
  e autoridade, 14, 17-8, 23
  criatividade nas, 193
  e o Estado, 33
  a guerra como instituição permanente, 61-88
  como obstáculo ao crescimento, 16-7, 23
  políticas, 16, 25, 108
  e a propriedade privada, 33
  religiosas, 18
  sociais, 15-6
instituições políticas, 16, 25, 108
instituições religiosas, 18

instituições sociais, 14
instrução, 53-4
integração, 192
inteligência, e limitação das famílias, 147-8
intercurso sexual, 174
The International Journal of Ethics, XVII
International Workers of the World, 42
invasão estrangeira, risco perene de, 42
inveja, 64-7

J
James, William, X-XI, 76
jornalismo, 189
judaísmo, 45
juízo pessoal, direito ao, 19
justiça
    e educação, 117
    e movimento trabalhista, 105
    como objetivo da civilização, 52
    reivindicação de, 106-7
    e remediação da injustiça, 54-5
    e socialismo, 104
    ver também, injustiça

K
Kemp, Reginald, 38n

L
Lafayette, 186
Lawrence, D. H., XI-XII
lei
    casamento, 138, 141-2, 151, 159-61
    e o Estado, 34-4, 51
    injustiça artificial, 100
liberalismo, IX, X, 3
liberdade, 19, 48, 55, 56, 80-1
    e casamento, 155-6, 160-1
    e educação, 117
    interferência na, 53, 80
    "liberdades da Europa", 80
    política, 64
    princípio de, 188
    recíproca, 155
Liszt, F., 94
Liverpool, 83
livre arbítrio, 130-1
Llewelyn Smith, sir H., 99
Lloyd George, David, 57
Londres, 99
luxúria, 97-8

M
Macbeth, 7
maleficência, 27
Malthus, T., 150
Manchester, canal de, 83
marido, autoridade do, 153-5
Marinha, 34, 39, 81-3
Marriage and Morals [O casamento e a moral], XVIII
The Masses (periódico socialista norte-americano), XVII

medo/temor, 42, 48-9, 134-5
mente, vida da, 170-1, 182-3
　e conhecimento, 170
　　harmonia com o instinto e o espírito, 172-4, 177
militarismo, 69-70, 78, 111
Military Service Act [Lei do Serviço Militar], 20n
Mill, John Stuart, IX, 186
mínimo, universal, conquista do, 53
ministros das Relações Exteriores, 49
misantropia de Carlyle, 24-5, 28
monogamia, 160
monopólios, 54
Montessori, sistema educacional, 115, 126n, 129
"The Moral Equivalent of War" [O equivalente moral da guerra], de James, X, 76
moralidade 151-2, 159; e religião, 166
Morrell, Lady Ottoline, XII
morte, e impulso, 10, 13
movimentos anticapitalistas, 46
movimento cooperativo, XVII, 112
movimento romântico, 157, 181
movimento trabalhista, 105-6
Muirhead, J. H., XVIII
Mulheres
　adultério, pena pelo, 141-2
　carreira, 143-4, 148, 150
　casamento, 145-7
　emancipação das, 143-5, 148, 186
　esposas, direitos no casamento, 153-5
　solteiras, 150-2
mulheres "white feather", 38n

N

nacionalismo, XV, 88
　e credos, descrença, 40-1
　perigos do, 20-2
　e socialismo, 45
　ver também patriotismo
nações
　amantes da paz, 73
　compatriotas e estrangeiros, 26
　comunidade de, 22
　e nacionalismo, 20-1
　e sentimento tribal, 40-1
　unidade da, 85
não conformistas, 140
Napoleão, 22
natureza humana, 4-5, 28-9
necessidades, 6, 16, 30, 90-1, 158
neutralidade recíproca, 37
Noruega, separação da Suécia, 48
nutrição, 174

O

obediência

exigida pela educação, 125-6, 128
exigida pelo Estado, 37-8, 40
ofensiva do Somme (1916), XIV
Ogden, C. K., XII, XVI
opinião pública
   e ação industrial, 50
   e adultério, 141-2
   Estado, manipulação pelo, 38-9
   hostilidade da, 13
   e liberdade, 56-7
   sobre a riqueza, 77
oponentes na guerra, 12-3
oportunidade, 108-9
opressão, 18, 21, 84, 165
organização, 10, 55-6
organização sindical, 25
organizações econômicas, 25-9, 111-2
orgulho, 43, 48-9
   nacional, 44, 66-7

P

pacifismo, 4, 13, 74, 76, 78-9
paixões, 5-6, 13, 41, 72, 185
   orgulho e temor, 48-9
Parlamento, 61, 142, 190
patriotismo
   e controle, 179-80
   defeitos, quando meramente instintivo, 182
   elemento religioso no, 43-4
   e o Estado, 58
   e gostar instintivo, 26-7
   ver também nacionalismo
paz, 69-70, 73, 75-6
pecado, 140-1
Pembroke Lodge, X
pensamento, 133-4, 177-9; novo 187
período feudal, 101
período medieval, 17-8
perseguições por blasfêmia, 35
perseguições sindicalistas, 36n
perspicácia espiritual, 182
pertencimento ao grupo, 40-1
Platão, 75
poder
   abuso de, 18
   do dono de terras, 101
   da educação, 116
   do Estado, *ver* poder do Estado
   na guerra, 48
poder do Estado, 35-40
   aquiescência ao, 40
   excessivo, 51
   e força externa, 48
   e a guerra, 39-40
   natureza má do, 37, 46
   e a opinião pública, 38
polícia, 34, 62
política, 166, 147
política de livre comércio, 94
posse, 97-8, 193-4

poupança, 93, 95
prazer, busca do, 176, 199
previsão e impulsos, 7-8
Primeira Guerra Mundial, *ver* Grande Guerra (Primeira Guerra Mundial)
primeiro-ministro, 49
Principles of Social Reconstruction [Princípios de reconstrução social], IX, XIV, XVIII-XIX
prisão, 173
privilégios, 166
procurador do rei, 139
produção, 107-8, 110
    crença na importância da, 97-8
proibições, externas, 191
propósito comum, 18-9, 23, 25, 192
    e casamento, 26
propriedade, 89-114
    descrença na, 41
    direitos legais à, 99
    frutos do próprio trabalho, direito aos, 100
    possessividade da, 193
    e religião, 166
    e sindicalismo, 33
propriedade privada, 55
protestantismo, 164
prudência, 92
The Psychology of Insanity [A psicologia da insanidade], de Bernard Hart, XI

punição 28-9, 38; dos impedidos por consciência, 36n
puritanismo, 192

Q

questão populacional, 145-53
    distribuição das classes sociais, 145-6
    eugenia, 152
    limitação da prole entre os inteligentes, 146-9
    ver também casamento
questões internacionais, regulação, 62-3

R

racionalidade/razão, 5, 11, 76
    agir pela razão, 7-8
radicalismo, X
reconstrução, IX-X, XIV, 30
reforma, 192-3, 201
Reforma, 163-4
reformadores da educação, 130
relações sexuais, seriedade nas, 158-9
religião, 17, 19-20, 88, 163-84
    da Alemanha, 95
    aspectos pessoais e sociais, 164
    dos bens materiais, 90
    e casamento, 157
    católica, *ver* catolicismo
    decadência na religião dogmática, 164

ensino da, 120, 122
mudanças necessárias à, 168-9
origens, 169
e patriotismo, 43-4
tradicional, 168
"Remarks at the Peace Banquet"
[Observações no banquete da paz], XI
Renascença, 19, 163
repúblicas da América do Sul, 82
repúblicas bôeres, 73
resistência à agressão, impulso à, 11
responsabilidade pela guerra, 68-70
Restauração, 186
reverência, 117-8, 171, 188-9
Revolução Russa (1917), XIV
riqueza, 64, 77
riqueza comparativa, 64
riqueza intrínseca, 64
Roberts, Richard Charles, 38n
Rolland, Romain, XVIII
Rousseau, J.-J., 186

S
sacerdócio, 166-7
sacrifício, impulso para, 44
saneamento, 53
Santo Agostinho, 203
São Francisco, 164-5
segurança, 71, 108-9
senso comum, 190
sentimento tribal, 40-2

serviço militar, universal, 36
servos, 101
Shelley, P. B., 186
sindicalismo, 33, 45, 57, 112
sistema assalariado, 111-2
sistema de exames educacionais, 131
sistema econômico, principais testes para, 109
sistemas de distribuição, 96, 99-100, 104
sistemas industriais, julgamento, 96
soberano, lealdade ao, 40
socialismo, 33, 34, 41
e individualismo, 34
e justiça, 104
marxista, 110
metas do, 96
moderno, 104-5
e patriotismo, 45
primeiros socialistas, 100
Sociedade Contra a Conscrição, XV
status quo, 68-9, 106, 110, 126
Strachey, Lytton, XIII
subjetivismo, 198-9
sucesso/êxito, 14, 16
e ganhar dinheiro, 77, 90, 119
suicídio, 38n
Suécia, separação da Noruega, 48

T
taxa de mortalidade, queda na, 145n

taxa de natalidade, 145, 145-146n, 148
   seletividade da, 149-50
teoria freudiana, impulsos, XI
terra, propriedade privada, 54-5
   justificativa para falta de, 101
tirania, 18, 36, 48
   alemã, 81
tolerância religiosa, 186-7
Tolstoi, Liev, 144
trabalho
   horas de trabalho, 98
   interesse intrínseco no, 103
   mecânico, 112
   nos quais o salário é o único critério, 9, 75, 95, 110
Trevelyan, Charles P., XVI

U
Uberti, Farinata degli, 65-6
unidade, 189-90
   das nações, 85
Union of Democratic Control [União de Controle Democrático], XV
universidades, 56
Unwin, Stanley, XVI
utopias, 75

V
vida
   filosofias de, 201-2
   e impulso, 10-1, 13-4
   integridade da, 189, 197
viés dos governos, 50
violência, supressão e promoção pelo Estado, 46
virtude, busca da, 199
vontade, 6, 10, 129-30, 196-7

W
War and Peace (periódico), XI
Webb, Sidney, 145n
West, Arthur Graeme, XVIII
Whitman, Walt, 24-5
"Why Nations Love War" [Por que as nações amam a guerra], XI
Wollstonecraft, Mary, 186
Woods, professor, XV

SOBRE O LIVRO

Formato: 14 x 21 cm
Mancha: 23 x 44 paicas
Tipologia: Venetian 301 12,5/16
Papel: Off-white 80 g/m² (miolo)
Cartão Supremo 250 g/m² (capa)
1ª edição: 2014

EQUIPE DE REALIZAÇÃO

Capa
Marcelo Girard

Imagem da capa
Hand Grenade © George Logan/Corbis

Edição de texto
Paula Nogueira (Preparação de original)
Nair Hitomi Kayo (Revisão)

Editoração eletrônica
Sergio Gzeschnik (Diagramação)

Assistência editorial
Jennifer Rangel de França